한국 속의
세계

하

우리는 어떻게 세계와 소통해 왔는가

한국 속의 세계

하

— 정수일 지음 —

창비
Changbi Publishers

책머리에

　지금까지 우리는 대체로 우리의 역사와 문화를 세계와 고립시켜 통시적으로만 헤아려왔지, 세계와의 관련 속에서 공시적으로 이해하는 데까지는 이르지 못했다. 그러다보니 근간에 와서 '세계 속의 한국'이란 구호는 버젓이 내걸었지만, 도대체 세계 속에서 한국이 차지하는 위상은 어떠했는지 아직 제대로 밝혀지지 않고 있다. 더욱이 우리들 속에 들어와 있는 세계, 즉 '한국 속의 세계'가 과연 어떤 것인지는 그 개념조차 낯설다. 그 결과 남들이 우리더러 '은둔국'이라고 해도 우리는 그저 그런가보다 하고 지냈으며, 스스로가 '닫힌 나라'라는 자학적인 사관에서도 헤어나지 못했다.

　사실 '세계 속의 한국'은 바깥에서 세계와 만남이고, '한국 속의 세계'는 안에서 세계와 만남이다. 이 두 개념은 '세계성'에서 서로 접합된다. '세계성'이란 한마디로 세계에 대한 앎을 추구하고 세계와 삶을 함께하는 정신을 말한다. 미래의 비전으로 굳어져가고 있는 '세계화'

나 '국제화'의 바탕은 바로 이 '세계성'이다.

우리에게 이러한 '세계성'은 오늘과 내일에 필요한 정신일 뿐만 아니라, 어제부터 있어온 실체다. 다만 우리가 그것을 제대로 읽어내지 못했을 뿐이다. 우리의 유구한 역사와 문화의 갈피마다 이러한 '세계성'이 고스란히 배어 있다. 어느 것 하나 세계와 무관한 것이 없다. 가까이는 중국이나 일본, 멀리는 아랍이나 로마와도 서로 주고받으면서 역사와 문화를 함께 가꾸어왔다. 이를테면, 우리 속에는 일찍부터 세계가 자리하고 있었다. 그러했기에 비로소 오늘의 우리가 있게 된 것이다.

이러한 인식에서 출발해 필자는 지난 1년 동안 『한겨레』 신문에 매주 1회씩 '문명교류기행'이란 이름으로 글을 써왔다. 그 글들을 묶어 전체적으로 고치고 다듬은 것이 이 책이다. 총 50편 중 마지막 3편은 신문에 실리지 않았던 글이다. 개설서나 해설서가 아닌 문명기행 형식의 글이기 때문에, 문명교류를 통해 우리 속에 자리 잡은 세계를 잘 대변할 수 있는 내용들을 시대별로 골라서 한데 엮었다.

그러한 내용들을 세계와의 관련 속에서 공시적으로 살펴보다보니, 왕왕 기존의 통념에서 벗어난 새로운 해석을 가하지 않을 수 없다. 이러한 의미에서 이 책은 어느 정도 탐구적 성격을 지닌 책이라고 말할 수 있을 성싶다.

'한국 속의 세계'란 조금은 생소한 개념이지만, 실제로 지난날의 현실이었고, 또 오늘과 내일은 더더욱 그럴 수밖에 없기에 감히 이 개념을 가지고 우리 역사와 문화에 접근해봤다. 모난 돌도 자꾸 굴리다보면 둥글어지는 법이다. 첫 시도니만치 부족하거나 어설픈 점이 없을 리 없으므로, 독자 여러분의 질정과 가르침을 바라 마지않는다.

끝으로, 변변찮은 글들을 책으로 묶어내기 위해 성의와 노고를 아끼지 않은 '창비' 가족 여러분께 깊은 사의를 표하는 바다. 아울러 전국을 누비며 찍은 좋은 사진을 제공해준 윤동진씨에게도 고마움을 전한다.

단풍가절 무쇠막 집에서

정수일

차례

일러두기

1. 이 책에 나오는 외국의 인명과 지명은 되도록 현지음에 가깝게 표기했다.
2. 중국 인명의 경우, 현대의 인물들은 실제 발음대로 표기했고 근대 이전의 인물들은 한자어 발음으로 표기했다.
3. 중국 지명의 경우, 현재에도 쓰이는 지명은 실제 발음대로 표기했고 과거의 지명은 한자어 발음으로 표기하는 걸 원칙으로 삼았다. 단 문맥에 따라 표기법을 달리하기도 했다.

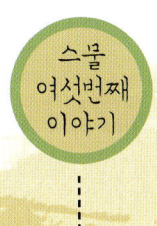

스물
여섯번째
이야기

처용의 정체

서울 밝은 달밤에 밤늦도록 노닐다가

들어와 잠자리를 보니 다리가 넷이로구나.

둘은 내 것인데 둘은 누구의 것인가.

본래 내 것이지만 빼앗겼으니 어찌하리.

『삼국유사』에 나오는 「처용가(處容歌)」다. 주인공 처용은 역신(疫

神)이 미모의 아내와 동침하는 것을 보고도 이런 노래를 부르면서 물러간다. 그런가 하면 무성한 눈썹에 푹 팬 쌍꺼풀 눈, 우뚝 솟은 코, 기다란 주걱턱, 검붉은 얼굴색…… '처용탈'에 나타난 처용의 모습이다. 전승으로 굳어진 향가이고 탈이라곤 하지만, 너무나 이색적이다. 그래서 처용에 관한 논란은 그치질 않고 있다.

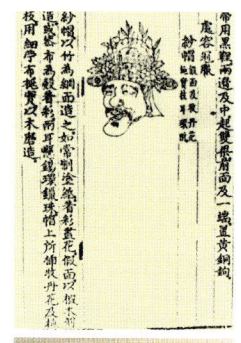

처용설화와 그에 곁들인 「처용가」나 처용무에 관한 연구논문만도 지난 80여 년 동안 근 300편에 달하니, 국문학 연구에서 단일 대상으로는 단연 가장 많은 편에 속한다. 이색적인 요소가 많다보니 다면적 접근(multidimentional approach)이 불가피하다. 연구방법론만 보더라도 민속학적 연구방법을 비롯하여 어문학적, 종교학적, 역사학적 연구방법이 연구자의 소견에 따라 이용됨으로써 오늘에 이르러서는 설화의 주인공인 처용의 실체와 설화내용은 꽤 입체적으로 조명되고 있다. 그리하여 같은 인물을 놓고 화랑이니, 호족의 자제니, 무당이니, 호국호법의 용이니 하는가 하면, 외래의 무슬림상인이라고까지 하여 결국 저마다 다른 이론을 고집함으로써 처용은 '천의 얼굴'을 가진 인물로 비치고 있다.

조선 초의 대악전인 『악학궤범』에 있는 처용상(위)과 처용탈(아래)

'처용'이 무슨 뜻인가부터가 오리무중이다. 용이나 용의 얼굴, 샤먼의 이름, 무속신앙의 사제, 춤(처용) 같은 우리말의 한자음, 보통사람의 이름, 우리나라에 살 수 있도록 허용된 외래인이라는 등 10여 가지의 구구한 설이 있다. 그런가 하면 아예 불가지론을 주장하는 이도 있다.

오늘날까지 전승되어오는 처용설화의 모체는 고려시대 후반에 씌어진 『삼국유사』에 실려 있다. 신라 49대 헌강왕(憲康王) 때의 일이다. 어느 날 왕은 개운포(開雲浦, 현 울산)에 놀러 나갔다가 그만 구름과 안개로 길을 잃게 되자 일관(日官)을 시켜 점을 치게 한다. 일관은 이것이 동해 용의 조화이므로 좋은 일을 행해 풀어야 한다고 말한다. 이 말에 왕이 근처에 절을 세우도록 명하니 구름과 안개가 걷혀 이곳을 개운포라 불렀다. 동해 용이 기뻐서 아들 7명을 데리고 왕 앞에 나타나 왕의 덕을 찬양하고 춤추며 노래를 불렀는데, 아들 가운데 한 명이 왕을 따라 서울에 와서 정사를 도우니 그를 처용이라 했다.

왕은 그를 서울에 안주시키려고 미모의 여인을 주어 혼인시키고는 급간(級干)이란 관직까지 주었다. 그런데 어느 날 처용 아내의 미모를 흠모하던 역신이 사람으로 변하여 아내와 몰래 동침한다. 처용이 그 현장을 보고 노래(처용가)를 부르고 춤을 추며 물러나오자, 역신이 처용의 이러한 너그러움에 감복해 무릎을 꿇고 사죄하면서 앞으로는 처용의 형상만 봐도 그 집에는 들어가지 않겠다고 맹세한다. 이 일로 인해 사람들은 처용의 형상을 문에 붙여 벽사진경(辟邪進慶)●을 꾀했으며, 왕은 서울에 돌아와 약속대로 영취산(靈鷲山)에 절을 지었는데 이름을 망해사(望海寺) 또는 신방사(新房寺)라 하였다.

● 사악함을 물리치고 경사를 맞음.

이 같은 처용설화의 전체 문맥을 종합해보면, 크게 3가지 주제로 나눌 수 있다. 그 첫째는 흥미소가 다분한 처용─처─역신(姦夫) 간의 애정적 갈등을 내용으로 한 민담적 성격의 주제이고, 둘째는 왕과 처용의 신이한 힘과 무속적 효험을 과시하는 신화적 성격의 주제이며, 셋째는 사찰의 영험을 확산하는 불사연기(佛事緣起)의 전설적 성격의 주제다. 이렇게 처용설화는 민담과 신화, 전설의 서로 다른 3가지 주제가 융합된 복합설화라고 할 수 있다. 이러한 복합성은 신라사회 자체가 무속과

망해사지 석조부도 ● 보물 173호.

처용무의 무희 복장 ● 중요무
형문화재 39호.

불교가 혼재한 무불습합(巫佛褶合)사회라는 데서 비롯된다. 바로 이
같은 복합적 성격으로 인해 처용설화는 노래와 춤, 주술과 가면 등
다양한 기능을 공유하면서 오랫동안 전승되어왔으며, 또한 다각적인
논의의 소지를 낳게 되었다.

　무릇 설화란 일정한 역사적 배경 속에서 나타나 사회의 현실을 간
접적으로, 굴절적으로 반영하는 일종의 문학 장르다. 이것은 설화 자
체의 내용 하나하나가 현실 그대로의 반영이나 상징은 아니라는 걸
의미한다. 설화에는 현실을 그대로 반영한 부분도 있으나, 경우에 따
라서는 심한 굴절에 의해 현실을 가공적으로, 허구적으로, 심지어 거
꾸로 반영하는 부분도 있다. 설화의 이러한 양면성에다 특유의 이색
성까지 겹치다보니, 처용설화가 그토록 많은 논란거리가 되고 만 것
이다.

　처용설화가 복합설화이니만치 다각적으로 접근하고 연구하여 나름

대로의 주장을 펴는 것은 그럴 수도 있는, 바람직한 일이라 아니할 수 없다. 그러나 그 모든 주장을 잉태한 설화의 원초적 모태는 정사인 『삼국사기』에 명문으로 기록되어 있음을 간과해서는 안 된다. 그 기록이야말로 설화로서의 변이과정은 물론, 주인공 처용의 실체를 밝혀내는 출발점이 되어야 할 것이다. 기록에 의하면, 헌강왕 5년(879) 3월에 왕이 동쪽 지방의 주와 군들을 두루 돌아다니는데, 어디서 왔는지 알 수 없는 네 사람이 어전에 나타나서 노래하고 춤을 춘다. 그들은 "형용가해 의건궤이(形容可駭 衣巾詭異)", 즉 모양이 괴상하고 의관도 이상야릇하므로 당시 사람들은 그들을 가리켜 "산이나 바다에 사는 정령〔山海精靈〕"이라고 했다고 한다. 이렇게 『삼국유사』보다 약 140년 앞서 지어진 『삼국사기』에는 설화가 아니라 자연인의 출현에 의한 하나의 역사적 사실로서 기록되어 있다.

처용에 관한 『삼국사기』의 이러한 사실적 기록과 그로부터 약 140년이란 긴 변이과정을 거쳐 나온 『삼국유사』의 처용설화를 비교해보면, 헌강왕이 돌아다닌 지점이 개운포를 포함한 동쪽 지방이고, 왕 앞에 나타난 인물(사람이건 용이건)들이 노래하고 춤을 추었다는 점, 그들은 신라인들이 이때까지 보지 못한 생소한 대상들이며, 처용의 용모와 설화의 내용이 이색적이라는 데는 두 문헌이 진배없다. 그러나 『삼국사기』에는 처용의 이름이, 『삼국유사』에는 그의 출현연대가 없고, 전자에는 역신이나 「처용가」, 왕정 보좌 같은 내용이 없으며, 출현자 수에서 전자는 4명이나 후자는 8명이라는 등 다른 점들이 있다.

두 문헌내용의 비교에서 우리는 『삼국사기』의 내용이 어떻게 설화로 가공·윤색되었는가를 짐작할 수 있을 뿐만 아니라, 그 주인공인 처용이 생면부지라서 '영물'로 오해된 것뿐이지, 사실은 자연인이며 외래인이라는 것을 알 수 있다. 이러한 추정을 방증하는 사료들을 고려와 조선 시대의 여러 문헌들에서 찾아볼 수 있다. 고려시대 『삼국유사』가 나온 지 얼마 되지 않아서 사간대부(司諫大夫)로 있다가 울주로 귀양살이를 간 정포(鄭誧)는 『동국여지승람(東國輿地勝覽)』에서 처용이 개운포의 푸

처용암 전경

른 바다에서 나타났다는 말을 현지에서 들었다고 전하고 있으며, 우리나라의 지리서로서는 가장 오래된 『경상도지리지』에도 울산 남쪽 37리 되는 개운포에 처용암(處容巖)이 있는데, 신라 때 그곳에서 모양이 기괴한 처용옹이란 사람이 출현했다고 기술되어 있다.

이러한 문헌기록과 더불어 처용이 외래인이라는 정체를 말해주는 또 하나의 증거는, 그가 지었다고 하는 「처용가」의 내용이 이색적이라는 점이다. 고전연구가들에 의하면 신라 향가는 일반적으로 그 표현방법에서 굴절적이고 내면적이며 상징성이 강한 것이 특징이라고 한다. 그런데 보다시피 「처용가」는 이와는 달리 감정표현이 솔직하고 대담하며 직설적이다. 이러한 경향은 중세 페르시아나 아랍 문학에서 쉬이 발견된다. 물론 이역 간의 문학작품에서 어떤 공통적인 경향이나 요소가 포착되었다고 하여 그것을 무턱대고 상관성의 소산이라고 단정하는 것은 무리이며 논리의 비약일 수 있다. 그러나 그러한 공통성은 어떤 매체나 교류, 특히 인간의 이동을 통해서 이루어질 수 있음도 부정할 수는 없다.

처용무를 추는 그림(왼쪽) • 조선시대 기록화.

처용무(오른쪽)

경주 용강동 돌방무덤에서 출토된 흙인형 • 서역인의 모습임에도 신라의 진골귀족 차림을 하고 있다.

이상에서 우리는 처용이 결코 용 같은 영물이나 내국인이 아니라, 동해를 거쳐 울산에 상륙한 처음 보는 외래인이라는 추단에 이르게 된다. 그렇다면 어디에서 온 외래인일까? 그 답을 구하기 위해서는 처용이 출현한 개운포가 어떤 곳이며, 그러한 곳에 나타날 수 있는 외래인들은 과연 어떤 사람들이었는가를 밝혀내야 할 것이다. 여러 가지 문헌기록과 유물에 따르면, 울산은 수도 경주를 배후에 가까이 둔(약 40km) 산업(철 생산 등)과 상업(경상도 66개 고을 중 유일하게 장사를 좋아하는 고을로 기록)의 중심지인 데다 천혜의 항구와 내륙교통의 요지로서도 유리한 조건을 두루 갖추고 있는 명실상부한 국제무역항이었다.

그렇다면 이 국제무역항을 통해 선보인 외래인들은 과연 누구였을까? 그들은 아랍 무슬림들을 비롯한 서역인들이었을 것이다. 당시 남해를 통한 동서교역의 주역을 맡은 아랍 무슬림들이 신라에 내왕하고 정착까지 했다는 중세 아랍문헌의 기록과, 신라의 옛 땅에서 서역인상을 한 무인석(괘릉)이나 흙인형(용강동 고분에서 출토된 28점) 같은 유물이 발견되고 있는 사실은 이를 증명한다. 그리고 『니혼쇼끼』의 기록에 의하면 처용보다 200여 년 전인 659년에 토화라(吐火羅, 현 아프가니스탄 서북부) 남녀 각각 2명과 사위(舍衛, 인도 갠지스강 중류) 여자 1명이 일본 휴가(日向)에 표착했다고 한다. 이러한 기록으로 봐서도 서역인들이 일찍부터 동방에 왔음을 알 수 있다. 이때까지 이러한 사실들이 제대로 구명되지 않은 것이 처용의 자연인, 외래인 상을 의심하거나 부정하는 주원인이었다.

요즘 해마다 울산에서는 처용문화제를 열어 처용을 기리는 문화 한마당을 흥겹게 펼치고 있다. 자칫 그 주인공이 외래인이라고 해서 탐탁찮게 여길 수도 있는데, 이것은 한낱 단견이고 기우이며 닫힘이다. 전승을 포함해 모든 문화현상은 어디서 왔는가가 중요한 것이 아니라, 그것을 어떻게 슬기롭게 받아들여서 제 것으로 만들었는가가 더 중요하다. 건국신화들을 비롯해 우리네의 많은 문화전통 중에는 그 뿌리에 외래적인 요소가 적잖게 묻어 있다. 처용설화가 오랫동안의 변이과정을 거쳐 전승으로 굳어져서 오늘로 이어진 경우가 그러하다. 이것이 바로 문명의 만남이고 수용이며 열림이다.

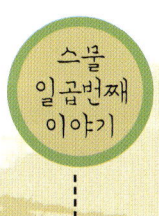

문명교류의 화신
석굴암

지금으로부터 약 1,200년 전에 지어진 석굴암(石窟庵)은 동서문명이
시·공을 초월하여 서로 만나서 이루어낸 귀중한 결과물이다. 고대
서양의 헬레니즘문화를 진취적으로 수용한 불교문명은 인도에서부
터 중앙아시아와 중국을 거쳐 멀리 여기 신라땅에까지 전파되어 중
세문명의 찬란한 한 장을 열었다. 그 가운데서도 석굴암은 건축구조
에서부터 내용물의 하나하나에 이르기까지 문명교류의 화신으로 석

굴미술사에 우뚝 서 있다. 따라서 석굴암의 실체나 위상을 제대로 가늠하려면 반드시 교류사적 눈으로 바라보아야 한다.

문명이 교류하는 것은 문명이 지니고 있는 근본속성의 하나인 모방성 때문이다. 문명이란 일단 생겨나면 주위에 퍼질 뿐만 아니라, 주위의 문명과 어울리면서 필요한 것은 본받아 자기 것으로 만들어 문명 전반을 살찌운다. 그런데 여기서 중요한 것은 교조적인 베낌이 아니라 창의적인 모방이다. 이 점에서 석굴암은 독보적인 모범을 보여주고 있다.

원래 불교에서의 석굴은 기원전 2세기경부터 고온다습한 인도에서 사당 격인 차이티아(chaitya)굴과 승방격인 비하라(vihara)굴의 두 형식으로 출발했다. 그것이 중앙아시아를 거쳐 4세기경에 중국에 들어온 후 다시 7~8세기 초에 신라로 전해졌다. 이렇게 불교에서의 석굴은 근 1,000년 동안 전파와 수용을 통한 모방에 의해 동서의 넓은 지역에 전개된 보편적 문명현상이다. 그러나 그 전개양상에서는 큰 차이를 보이고 있다. 인도나 중앙아시아 및 중국의 경우는 지질이 비교적 약한 석회석이나 대리석이라서 굴을 뚫고 그 속에 내용물을 직접 조각하여 석굴을 조영하나, 단단한 화강석이 대부분인 신라에서는 그럴 수가 없다. 원래 화강석은 매우 단단해 섬세하게 조각하기가 아주 힘든 재질이다. 그래서 신라인들은 실정에 맞는 창의성을 발휘해 산을 파 굴을 만들고 조각된 내용물들을 조립한 후 흙을 덮는 미증유의 시공법을 도입했다. 이렇게 석굴암은 여타 지역의 자연석굴

키질 석굴 ● 이 석굴엔 차이티아와 비하라의 두 형태가 모두 존재한다.

석굴암 본존불

석굴암 천개 ● 아래에서 올려다 본 모습. 천개에 있는 금은 석굴암 건설 당시 생긴 것인데 천신이 내려와 다시 맞춰놓고 간 후 남은 것이라는 전설이 있다.

과는 다른, 세계에서 유일무이한 인공석굴이며 짜임식 건축물이다.

문명의 교류를 촉진하는 창의적인 모방을 평가하는 데서 중요한 것은 본래의 모습을 어떻게 재현하는가 하는 것이다. 왜냐하면 재현이야말로 교류의 확실한 증좌이기 때문이다. 우리는 석굴암에 모셔진 본존불(높이 3.4m, 대좌까지 5m)이 부처의 가장 숭고한 영상이라고 하는 정각상(正覺像)을 재현했다고 하는 사실에 놀라움을 금할 수 없다. 정각상이란 깨달음을 얻어 부처가 되는 그 순간의 자세나 표정을 말하는데, 원래 그것을 형상화한 상은 인도 부다가야(Buddha gaya) 대각사(大覺寺)에 모셔져 있었지만 지금은 소실되어 없다. 그런데 불법을 구하러 인도까지 갔던 중국승려 현장(玄奘)이 남긴 『대당서역기』의 기록에 의하면 정각상의 앉은키는 1장 1척 5촌(3.36m)이고, 두 어깨와 두 무릎의 폭은 각각 6척 2촌(1.88m)과 8척 8촌(2.69m)이며, 항마촉지인(降魔觸地印), 즉 '악마를 항복시키고 땅을 손가락으로 만지는' 수인(手印, 손 자세)을 하고 동쪽을 향해 있다. 석굴암의 본존불이 신통하게도 이러한 크기와 모습을 하고 있다. 드팀없는 정각상의 재현인 셈이다. 인류는 헬레니즘시대부터 건축은 물론 인체의 조형에서도 각 부분의 크기에 일정한 비례배분을 설정해 인체의 안정감이나 균형을 기해왔다. 그래서 나온 가장 이상적인 몸 비례가 얼굴과 가슴, 두 어깨, 두 무릎의 폭 1:2:3:4의 비율이다. 석굴암의 본존불 말고는 그 어디서도 이러한 이상형의 체구에다가 정각상을 한 불상을 찾아볼 수 없으니, 이 본존불이야말로 불상의 백미라고 아니할 수 없다.

　이것은 석굴암 자체가 불법의 소산이기 때문일 것이다. 원래 석굴암은 암자가 아니라 석불사(石佛寺)라는 독립된 절이었으나, 임진왜란 이후 불국사에 소속되었다가 1910년경부터 일본인들이 석불암 대신 석굴암으로 불렀다. 그것이 오늘날까지 그대로 쓰이고 있다. 이 이름에 대해 한번쯤 재고가 필요할 성싶다. 사실 석굴암은 윤회의 12단계인 12연기(緣起)를 나타내는 법당으로 꾸며져 있다. 우주만물은 어떤 독자적인 힘만으로 생겨나는 것이 아니라, 반드시 인(因)과 연(緣)의 결합을 필요로 한다는 의미로 석가가 부다가야의 대각사에서 정각(正覺)한 진리가 바로 연기다. 연기설은 불교의 기본사상으로서 석굴암 법당에는 무명(無明), 행(行), 식(識) 등 12연기의 각 연기를 상징하고 있는 연기보살들이 나란히 배치되어 있다.

석굴암은 구조에서도 동서문명의 공유성과 더불어 신라 건축술의 독창성을 역력히 보여주고 있다. '하늘은 둥글고 땅은 네모'라는 신라인들의 천원지방(天圓地方) 사상을 반영하여 지상세계인 전실은 네모꼴로, 하늘세계인 주실은 둥근 모양의 돔 천장으로 꾸몄다. 특히 천장은 높은 수준의 수학과 기하학 지식을 동원해 네모난 판석들 사이에 비녀 모양의 긴 돌 30개를 박고 그 위에 잡석들을 쌓아 눌러줌으로써 힘의 균형을 보장하는 특이한 공법으로 완성했다. 건물구조에서 돔은 일찍이 중근동지대에서 발생하여 로마시대에 이르러 크게 유행했으며, 그것이 중앙아시아를 거쳐 동방에까지 알려졌다. 신라인들은 전래된 돔의 형태는 받아들이면서도 그 축조법은 독특하게 하는 슬기를 발휘했다.

토함산 자락 해발 565m에 자리한 석굴암은 불교석굴의 연파(延播) 선상에서 피어난 한 떨기 꽃이다. 문명의 전파에는 중단 없이 연속적으로 이어지는 연파와 여기저기서 점점이 이루어지는 점파(點播)의 두 가지 형태가 있다. 그중 연파는 전파의 연속성이 보장된 가장 확실하고도 효과적인 형태다. 인도에서 간다라미술과 융합되어 고유의 석굴미술을 구비한 채 출발한 불교석굴은 아프가니스탄의 바미안 석불군, 우즈베키스탄의 테르메스(Termes) 석굴, 중국 신장의 키질과

경북 군위삼존석굴 • 700년경 조영 / 국보 109호.

쿰투라 석굴, 투르판의 베제클릭 석굴, 뚠황과 뤄양, 윈깡의 석굴, 그리고 신라의 군위(軍威)삼존석굴 등 수많은 대소 석굴들로 이어짐으로써 동서에 걸친 하나의 긴 연파대를 조성했다. 석굴암은 이 연파대의 동쪽 끝에서 가장 완숙된 모습으로 그 대미를 장식한 석굴이다.

석굴암의 내용물은 한마디로 불교미술의 정수인 불상들의 총집합체다. 그러나 그 조형과정은 어디까지나 불교적 주제와 신라인들의 종교관, 간다라미술과 신라인들의 미의식을 잘 융화시킨 창조적 과정이었다. 불상이란 부처상만을 뜻하기도 하지만, 넓은 의미에서는 보살상이나 천왕상, 나한상, 심지어 불교세계를 지키는 사천왕상이나 금강역사상, 팔부중상(八部衆像) 등도 포함된다. 불상의 조형은 인도 마투라(Mathura) 지방에서 비롯되었다고도 하나, 간다라미술에 시원을 두고 있다는 것이 더 유력한 설이

뚠황의 모가오굴 제45굴 • 중앙의 부처 좌우로 제자인 가섭과 아난이 있고, 보살과 천왕이 둘러싸고 있다.

다. 원래 석존이 입멸한 후 약 500년 동안은 불상이 조성되지 않았다. 그러다가 기원후 1세기경 일찍이 알렉산드로스의 동방 원정을 계기로 페샤와르(현 파키스탄 북서부)를 중심으로 한 간다라 지방에 정착하고 있던 그리스인들이 헬레니즘문화에 훈육되어 신상을 만들어 숭상하는 것을 목격한 불교도들이 그 영향을 받아 불상을 만들기 시작했다. 이것이 간다라미술의 탄생이다. 간다라미술은 한마디로 헬레니즘미술의 양식과 수법으로 불교의 주제를 표현한 조각 위주의 그리스풍 불교미술이다. 우리는 이러한 미술의 정수를 23년간(751~774) 다듬어진 석굴암의 불상군에서 찾아보게 된다.

석굴암 내부에는 본존불을 비롯해 모두 40상의 불상이 조각되었으나, 감실의 보살 2상을 도난당하는 바람에 지금은 38상만 남아 있다. 불상 개개의 세련된 조각기법과 상 크기의 알맞은 비례배분, 부드러운 조형성, 감도는 숭고한 종교정신 등으로 인해 불상 전체는 하나의 조화롭고 완벽한 불교세계를 이루고 있다. 여기에 수학과 기하학의 정밀한 설계구조까지 합쳐지다보니, 석굴암은 명실상부하게 "동양에서는 견줄 수 없는 최고의 걸작품"이다. 이것은 1909년 석굴암을 탐사한 일본의 건축가이자 미술사학자인 세끼노 타다시(關野貞)가 내린 평가다. 그런가 하면 석굴암은 5세기 중엽에 조영된 중국의 윈깡 석굴

과 7세기 초 고구려 승려 담징(曇徵)이 일본에 건너가 호오류우사(法隆寺)에 남긴 불화와 더불어 '동양 3대 문화재'의 하나로도 꼽힌다. 석굴암이 지니고 있는 이 모든 독창성과 보편적 가치가 인정되어 1996년에는 '세계문화유산'으로 정식 등재되었다.

석굴암은 분명 우리의 최상급 국보(제24호)이며 세계인들의 공동 문화유산이다. 그럼에도 불구하고 우리는 그 보존을 소홀히 해왔으며 아직 풀지 못한 과제들을 남겨놓고 있으니, 스스로 반성하지 않을 수 없다. 석굴암은 숙종 29년(1703) 이래 몇 차례의 중수를 거듭했으나 한동안 세인에게 잊혔다가 1909년에 우연히 발견되었다. 발견 당시 천장의 3분의 1이 떨어져 내려 구멍이 생기고 본존불의 코가 깨져 있는 등 보존상태가 극히 불량했다. 이듬해인 1910년 이른바 '한일합방'이 되자마자 일본인들은 서둘러 석굴암의 조각상들을 일본으로 반출하려고 획책했다. 그러나 반대에 부딪히자 총독 테라우치 마사따께(寺內正毅)가 현지를 사찰하고 현지에서 보수한다는 결정을 내렸다.

그 후 주먹구구식으로 대여섯 차례 보수공사를 하면서 범한 잘못들은 그 보존에 심각한 후유증을 유발하고 있다. 1913년 일본인들이 돔 외부를 보강한답시고 덧칠한 콘크리트는 내부의 공기 흐름을 차단해 이슬 맺힘 현상을 낳았고, 그 후 그들이 이런 현상을 없앤다면서 두 차례 보수하면서 마구 증기세척을 해댄 것이 결국 석재의 수명에 치명타를 가하고 말았다. 광복 후 우리의 손으로 세 차례의 보수를 진행해 2중 콘크리트돔을 만들고, 기계장치로 이슬 맺힘 현상을 가까스로 막기는 했으나, 또

아프가니스탄의 바미안 석불군
서대불(파괴 전과 파괴 후)

다른 기계 소음과 진동으로 구조의 변형을 자초했다. 급기야 전실 앞
에 유리 차단막을 설치해 관람을 제한하는 극단조치까지 취하고 있
다. 석굴암의 가슴 아픈 수난사다. 이에 더해 광창의 존재 여부와 감
실 구멍의 용도 해명, 그리고 콘크리트의 처리 같은 일련의 문제가
풀어야 할 과제로 남아 있다.

 석굴암의 이상세계를 추구하는 불교와 그에 바탕을 둔 복합적 문명
체인 불교문명은 예나 지금이나 살아 숨 쉬는 문명이다. 그런데 미국
의 안보전략가인 헌팅턴은 이른바 '문명충돌론'에서 기상천외하게도
일본은 하나의 문명권으로 설정하면서도, 불교문명은 아예 문명권에
서 제외시키고 있다. 불교가 탄생지 인도에서 이미 소멸되었고, 중국
과 일본 등지에서 '토착문화에 통합'되어 그 실존성을 잃었기 때문이
라는 것이다. 동남아와 동북아의 넓은 지역에 깊이 뿌리박고, 오늘도

여전히 생기를 잃지 않고 있으며, 유럽인들마저도 심취되어가는 불교문명을 주제넘게 거세하는 것은 '눈감고 아웅하는 식'의 어불성설이다.

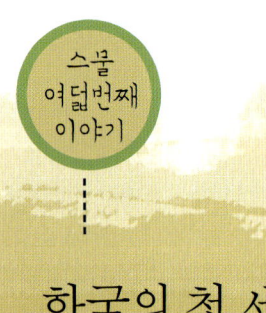

한국의 첫 세계인
혜초

자고로 한 나라의 위상은 그 나라가 세계성을 지닌 세계인을 얼마만큼 배출했는가에 달려 있다고 해도 과언이 아니다. 세계성을 지닌 세계인이 많으면 소국도 강국이 되며, 세계에 대한 기여도도 그만큼 높아진다. 세계성이란 세계에 대한 앎을 추구하고 세계와 삶을 함께하는 정신을 말하며, 이런 정신을 지니고 실천하는 사람이 곧 세계인이다. 우리나라에서 이런 정신을 지닌 첫 세계인이 바로 신라 고승 혜초 스님이라고 말할 수 있다.

704년께 신라에서 태어난 스님은 16살 어린 나이에 중국 꽝져우에
건너가서 천축(天竺, 인도)에서 온 밀교승 금강지(金剛智)를 만나 스
승으로 모시고 밀교를 처음 접한다. 스승의 권유로 '떠날 때는 100명
이나, 돌아온 자는 한 명도 없다'는 그 어려운 천축으로의 장도에 오
른다. 723년에 꽝져우를 떠나 뱃길로 동천축에 도착한 후 온갖 간난
신고를 이겨내면서 4년간 인도를 비롯한 서역의 여러 지역을 두루 역
방하고 당나라로 돌아온다. 돌아온 후에는 장안의 유명 사찰들을 전
전하면서 주로 밀교 경전의 한역(漢譯)과 필사 및 연구에 전념한다.
말년에는 샨시성 우타이산(五臺山) 건원보리사(乾元菩提寺)에 들어
가 780년에 향년 76세로 입적하였다.

혜초 스님은 낯선 이역에서 보고 들은 것들을 여행기 『왕오천축국
전』 속에 생생하게 엮어냈다. 1,300년 전에 씌어진 이 책이 세상에 알
려진 것은 100년도 채 안 된다. 1908년 프랑스의 동양학자 뽈 뻴리오

『왕오천축국전』 잔간이 발견된
뚠황 모가오굴

(Paul Pelliot)가 중국 뚠황 모가오굴(莫高窟) 제17동(일명 장경동藏經洞)에서 우연히 책명도 저자명도 없고, 권두와 권말이 떨어져 나간 두루마리 사본 하나를 발견한다. 그 후 90여 년간의 줄기찬 연구 끝에 오늘과 같이 그것의 책명과 저자명이 밝혀졌으며, 저자의 약력과 여행기 내용 및 노정 등 기본적인 내용을 밝히는 데서도 적잖은 연구성과를 거두었다.

지금 남아 있는 여행기는 원본이 아니라, 3권짜리 원본을 간추린 절략본(節略本)의 사본이다. 발견할 때는 9장의 황마지(黃麻紙)를 이어 붙인 길이 358cm, 너비 28.5cm의 앞뒤가 잘려 나간 두루마리 잔간(殘簡)이었고, 마모되어 확인할 수 없는 자까지 합치면 글자 수는 약 6,400자(227행×28자)로 헤아려진다. 그리고 잔간과 기타 관련자료들을 참고해보면, 원 절략본의 분량은 11,300여 자(405행×28자)로 추산된다. 그렇다면 지금의 잔간은 절략본의 절반을 약간 넘는 분량인 셈이다. 그나마 다행스러운 것은 절략본의 앞뒤(1권 전부와 3권의 뒷부분)만 잘려나가고 핵심부분은 그대로 남아 있어서 여행기의 주요내용은 파악할 수 있다는 점이다.

스님이 여행기에서 기록한 내용의 대부분은 직접 목격한 것이지만, 일부는 얻어들은 것도 있다. 또한 거의가 한 나라를 단위로 해서 기술했지만, 간혹 한 지역을 개괄해서 서술한 경우도 있다. 나라에 따라 기술한 내용이나 분량은 좀 다르지만, 대체로 출발지에서 목적지로 가는 방향과 소요시간, 왕성의 위치와 규모, 통치상황, 대외관계, 기후와 지형, 특산물과 음식, 복식과 풍습, 언어, 종교 특히 불교의 성행상황 등을 순차적으로 간명하게 기술하고 있다. 내용 중에는 전후 다른 여행기들에서 언급된 것도 있지만, 독특한 것도 적지 않다. 특히 주목할 만한 것은 현존 잔간에 오언시(五言詩)가 5편이나 실려 있다는 사실이며, 이로써 다른 여행기들과는 달리 '서정적 여행기'라는 평가를 받고 있다.

쿠시나가라에 있는 부처의 열반당

스님의 길고도 험난한 노정은 잔간의 기술을 토대로 추적할 수 있다. 그는 바닷길로 꽝져우를 떠났는데, 잔간의 앞부분(1권)이 떨어져 나가 동천축에 상륙할 때까지의 구체적인 노정은 알 수 없다. 상륙한 후 석가가 열반한 곳과 최초로 설법했다고 하는 녹야원(鹿野苑) 등에 있는 4대 성탑을 순례하고 중천축에 이르러서는 급고원탑(給孤園塔) 등 4대 영탑을 둘러본다. 그러고는 3개월간 걸어서 남천축(현 데칸고원 지방)에 갔다가 다시 3개월간의 편력 끝에 서천축을 지나 북천축의 수도 잘란다라에 당도한다. 여기서 간다라와 카슈미르 등 주변의 여러 지방을 다녀오고 나서 서북행으로 토화라(아프가니스탄)를 찾아간다. 이곳에 얼마간 머물러 있다가 실로 모험의 길일 수밖에 없는 생소한 이슬람세계로의 서행을 택한다. 드디어 한 달 열흘 만에 여행의 서쪽 끝인 대식(아랍) 치하의 페르시아땅 니샤푸르에 종착한다. 귀로에는 다시 토화라를 거쳐 험준한 힌두쿠시산맥과 파미르고원을 넘어 당의

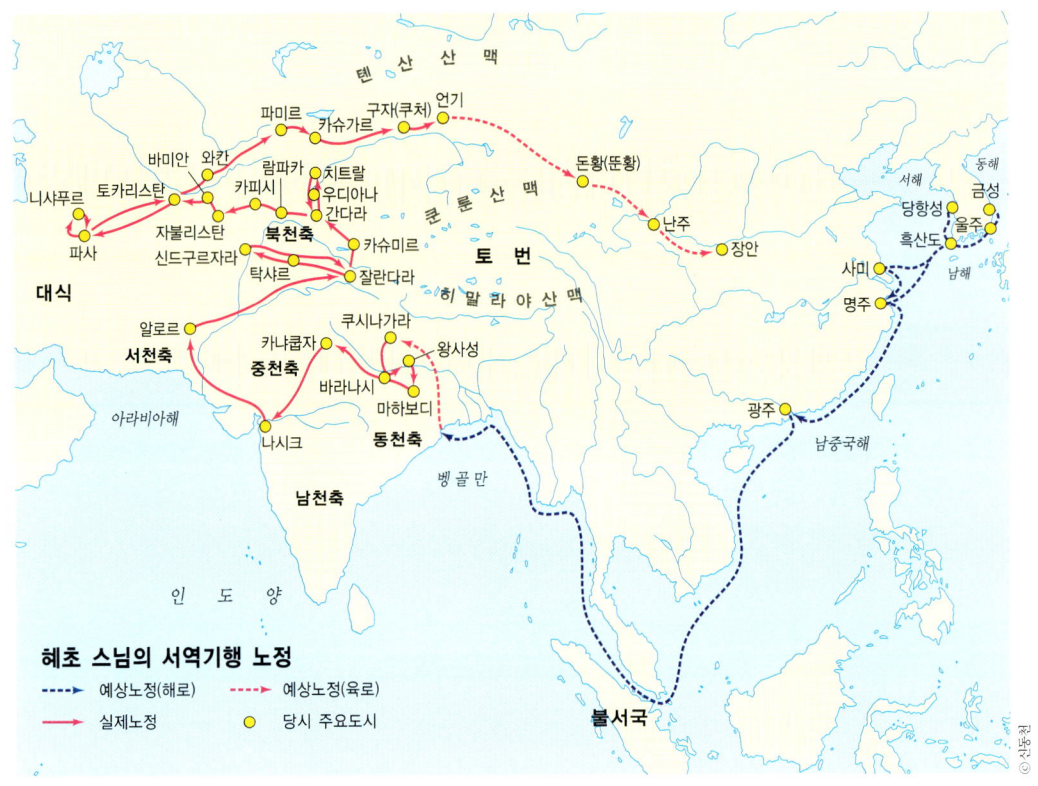

혜초 스님의 서역기행 노정

  - - - - 예상노정(해로)   - - - - 예상노정(육로)
  ──→ 실제노정   ● 당시 주요도시

안서도호부가 자리 잡고 있는 구자(龜玆, 현 쿠처)에 도착한다. 그때
가 꽝저우를 떠난 지 4년이나 되는 727년 11월 상순이다. 그 후 언기
(焉耆, 카라샤르)를 거쳐 장안으로 돌아왔는데, 언기 이하 부분은 잘려
나가 구체적인 노정을 알 수 없다.

 혜초 스님의 서역기행은 분명 희세의 거룩한 장거이며, 그 기록인
『왕오천축국전』은 세계 4대 여행기의 하나이자 우리의 국보급 진서
이고 불후의 고전으로서 커다란 문명사적 의미를 지니고 있다. 그 의
미는 우선 문명교류사에서 개척자적·선구자적 역할을 수행했다는
데 있다. 중국을 포함해 동양에서 그에 앞서 아시아대륙의 중심부를

해로와 육로로 일주한 사람은 없었으며, 더욱이 아시아대륙의 서쪽 끝까지 다녀와서 현지견문록을 남긴 전례는 없다. 스님보다 약 100년 전에 천축으로 떠났던 현장은 육로로 갔다가 육로로 돌아왔으며, 역시 약 50년 전의 의정(義淨)도 바다로 갔다가 바다로 돌아왔다. 도축구법(渡竺求法)의 거장들로 꼽히는 이 두 당승(唐僧)은 기껏해야 토화라까지 이르렀을 뿐, 그 서쪽땅은 밟지 않았으니 그곳에 관한 기록을 남길 리는 만무하다. 혜초 스님이 문명교류사에 남긴 또 하나의 업적은 동양 밀교(密敎)의 발전에 창도적 역할을 한 것이다. 그는 중국 밀교의 개조인 인도승 금강지를 사사하고, 또 그의 제자인 불공(不空)의 문하생으로서 중국에 돌아온 후 50여 년간 밀교교리의 한역과 연찬 및 그 전파에 혁혁한 공을 세움으로써 중국 밀교의 6대조가 되었다.

스님의 서역기행과 그 기록은 이러한 문명교류사적 의미와 더불어 우리 민족사에 불멸의 업적을 남겨놓았다. 6세기 전반 중천축에 다녀온 백제의 겸익(謙益)을 비롯해 불교의 최고 전당이라는 날란다(Nalanda)사에 늘 몇 명씩 상주할 정도로 한국승려들의 천축기행은 그침이 없었다. 그러나 혜초 스님처럼 견문록을 남겼거나, 더욱이 대식 같은 미지의 세계를 탐방한 사람은 없다. 이렇듯 그는 명실상부한 한국의 첫 세계인으로서 한민족의 얼과 넋, 슬기를 만방에 유감없이 과시했다.

月夜瞻鄕路   달 밝은 밤에 고향길을 바라보니
浮雲颯颯歸   뜬구름은 너울너울 돌아가네.
....

我國天岸北	내 나라는 하늘가 북쪽에 있고
이 국 천 안 북	
·········	
誰爲向林飛	누가 소식 전하러 계림(신라)으로 날아가리.
수 위 향 림 비	

남천축을 향한 길에서 읊은 이 절절한 향수의 오언시는 애국애족하
는 그의 숭고한 얼을 대변한다. 귀로에 험준한 파미르고원을 바라보
면서 "찬바람은 땅이 갈라져라 매섭게 부는구나 / …… 불을 벗 삼아
층층 오르며 노래한다마는 / 과연 저 파미르고원을 넘을 수 있을는
지"라고 읊조린 오언시 한 수는 그의 담찬 도전과 낙천의 넋을 여실
히 보여준다. 그리고 밀교승 불공이 제자 6명 중 스님을 두번째로 지
목했고, 스승이 입적했을 때 황제에게 올리는 감사문을 그가 대필했

중천축의 득도처 대탑 앞을 지
나는 혜초 스님 ● 디지털 복원.

으며, 대종(代宗) 때 심한 가뭄이 들어 지낸 기우제를 그가 주관했으며, 약관에 혈혈단신으로 이역을 누비며 그 기록을 남긴 사실 등은 그의 출중한 기량과 글재주, 의지와 용맹, 미지의 세계에 대한 탐구 정신을 그대로 말해준다. 이러한 얼과 넋, 슬기로 우리 겨레의 세계 정신을 선양함으로써 후대의 지봉(芝峰) 이수광(李睟光)과 혜강(惠崗) 최한기(崔漢綺), 구당(矩堂) 유길준(兪吉濬)으로 이어지는 우리네 세계인의 원형을 일찌감치 창조하였다.

스님의 여행기는 마르꼬 뽈로의 『동방견문록』과 오도릭(Odoric)의 『동유기(東遊記)』, 이븐 바투타의 『이븐 바투타 여행기』와 함께 세계 4대 여행기의 하나로 꼽힘에 하등의 하자가 없다. 그중에서도 가장 오래된 여행기다. 이것만으로도 이 여행기는 높은 문명사적 가치를 지닌 인류 공동의 문화유산이라고 긍정할 수 있다. 동서양 학계에서 공히 인정하다시피 이 여행기는 내용이 풍부하고 정확하기 때문에 당시 인도와 중앙아시아에 관한 으뜸가는 진서로 꼽히고 있다. 특히 인도와 중앙아시아에서의 불교전파에 관한 기술은, 불교사의 한 장을 이루는 8세기의 불교상황을 이해하는 데 귀중한 사료를 제공하고 있다. 그리고 여행기에 나타난 대식 관련 기사는 특별한 문명사적 의미를 지닌다. 혜초는 사상 최초로 여행기에서 아랍을 '대식'으로 명명하고 한(漢)문명권에서는 처음으로 대식 현지에서의 견문을 여행기에 담아 전한 사람이다.

스님은 간결한 필치와 정확한 표현으로 이방의 색다른 풍물을 적절하게 서술·묘사함으로써 현장의 탁월한 학식과 의정의 우수한 문필에 필적하는 필재(筆才)를 보여주었다. 그는 기행문 형식의 산문뿐만 아니라, 시문에서도 재주를 과시했다. 앞서 말한 5수의 오언시에서는 첫 수만이 믿음과 희망, 보람을 토로하고, 나머지 4수는 모두 향수와 고난, 무상을 읊조리고 있다. 그는 고국 신라에서 연마한 시재(詩才)를 멀리 서역에서 남김없이 발휘하여 '느끼는 여행'을 함으로써 시가 있는 '서정적 여행기'로 승화시켰다. 그래서 『왕오천축국전』은 역사서인 동시에 뛰어난 문학이기도 하다.

2001년 중국 산시성 져우지현에 세워진 '신라국혜초기념비'

이 세계적인 명저가 지니고 있는 진가에 비추어 볼 때, 그에 대한 연구성과는 아직 기대치에 미치지 못하고 있다. 더욱이 스님의 고국인 우리나라에서의 연구는 부끄러울 정도로 뒤진 상태다. 분발에 분발이 요청된다. 당면과제는 잔간에 공백으로 남아 있는 160여 개의 결락자와 이론이 많은 100여 개의 글자와 문장을 제대로 반듯하게 복원하는 일이다. 이와 더불어 한 차원 높은 시각에서 스님과 그의 여행기가 지닌 민족사적 업적과 세계사적 가치를 재조명하고 평가해 온전한 '혜초 평전'도 펴내야 할 것이다. 그러면서 우리는 이 '위대한 한국인'을 기리는 일에도 적극 나서야 할 것이다. 편취당한 채 저 멀리 무연고지 빠리의 한 도서관에 유폐되어 있는 이 국보의 반환을 촉구하고, 국보뿐만 아니라 유네스코의 세계문화유산 등재도 추진하며, 아늑한 서산 기슭에 사적비 하나 세우는 등 기리는 일에도 지혜를 모아야 할 것이다. 이것만이 선현에 대한 우리의 불초를 씻는 길일 것이다.

신라로 들어온
고대 동방기독교

흔히 한국 기독교의 역사를 200년쯤으로 잡는다. 그것은 가톨릭이 처음 들어온 때부터이고, 다수파인 개신교로 말하면 겨우 100년 남짓하다. 이웃 중국의 1,300여 년이나, 일본의 약 400년에 비하면 짧은 역사다. 그런데 이것이 과연 역사적 사실일까? 한때 파도처럼 밀려온 기독교의 동방전파, 즉 동전(東傳) 물결이 한반도의 문턱에서 막혀버렸던 것일까? 아니면 비켜간 것일까? 이때까지 의혹만 부풀려져왔을 뿐 별로 밝혀진 바는 없다.

기독교의 유라시아 전파는 시·공간적으로 다양한 양상을 띠면서 때로는 지속적으로, 때로는 간헐적으로, 그러나 면면히 이어져왔다. 기독교전파사를 통관하면, 서방으로의 전파는 초기 형국을 극복하고서는 비교적 순풍일로여서 짧은 기간에 서구문명의 바탕으로 뿌리내렸지만, 동방으로의 전파는 서방과는 달리 문명 간의 이질성과 이교 때문에 길이 막히는 등 많은 우여곡절로 문자 그대로 부침(浮沈)의 연속이었다.

종교의 전파는 흔히 신앙의 전도나 선교의 차원에서 논급되기 때문에 종종 그 연구에서 객관적 사실성이나 역사성이 결여되고 문명사적 의미가 홀시되기 일쑤다. 더욱이 기독교 같은 이상종교의 경우는 일단 출현하면 복합적 문화구성체를 이루게 되며, 따라서 그 전파는 순수 종교신앙의 영역에 국한되지 않고 해당 문화의 이동과 이에 수반되는 문화접변(文化接變)을 낳게 된다. 바로 여기에 특정 종교의 전파과정과 그 결과를 문명교류사적 시각에서 재량해야 할 당위성과 까닭이 있다.

기독교는 출현 초기부터 마냥 서구의 종교처럼 인식되고 기독교문명은 곧 서구문명이라는 등시개념으로 정확무오(正確無誤)인 양 비쳐져왔다. 그러나 근원을 소급해보면 고대 기독교는 동방종교이지 결코 서방종교는 아니다. 그 이유는 첫째로 교조 예수의 탄생지와 활동지 및 그에 의한 기독교의 발상지가 다름 아닌 동방, 즉 오리엔트의 중간요지인 팔레스타인이고, 둘째로 『신약성서』에도 명시되어 있다시피 그리스도인들의 최초 종교단체(교단)가 조직된 곳이 바로 소아시아(터키 지방)의 안티오크(Antioch)이며, 셋째로 기독교가 국가종교로서 첫 공인을 얻은 곳도 서구의 어느 곳이 아니라 메소포타미아의 에데싸(Edessa)라는 데 있다. 바로 이 때문에 에데싸 교회의 초기 기독교 학자인 타티아누스(Tatianus)도 기독교는 서양인의 종교라기보다 동방인의 종교라고 하는 것이 타당하다고 주장했다.

이렇게 동방의 일각에서 출범한 기독교는 출현 당초부터 다양한 문화전통을 배경으로 하여 포교활동을 적극 펼침으로써 입지를 점차 확대해나갔다. 초기에는 주로 콘스탄티노플을 중심으로 한 그리스어권과 에데싸를 중심으로 한 시리아권이란 동방의 문화적 배경 속에서 걸음마를 떼었다. 일단 출발한 기독교는 이러한 동방의 문화적 배경을 자양분으로 하여 자라다가 4세기 초 고대 기독교가 로마제국의 정치적 질서와 타협하면서부터 라틴 서방을 중심으로 하여 일약 발전하기 시작했다. 이때부터 고대 기독교는 상이한 역사·지리적 및 문화적 배경을 갖고 있는 동방기독교와 서방기독교라는 두 개의 큰 흐름으로 갈라지게 되며, 교리 논쟁을 비롯해 동·서 기독교 간의 갈등을 거듭해오다가 드디어 1054년 성 소피아 성당에서의 상호파문조치를 계기로 결별하게 된다.

이렇게 기독교는 팔레스타인에서 출현한 후 1,000여 년이 지나서 동·서 기독교로 나눠졌는데, 이렇게 분열되기 이전의 기독교를 고대 동방기독교라고 한다. 그런데 이 고대 동방기독교는 넓은 의미에서는 서아시아에서 탄생한 초기 기독교와 동전된 기독교를 통틀어 말하지만, 대개는 좁은 의미로 동전된 기독교만을 가리킨다. 이 기독교의 동방전파는 5세기 중엽에 이단으로 몰린 네스토리우스파(Nestorianism)의 주도에 의해 페르시아와 인도, 중앙아시아를 거쳐 7세기 중엽에 중국까지 이른다. 중국에서 경교(景敎)라고 불린 이 고대 동방기독교는 635년 당 태종(太宗) 때 처음으로 중국에 들어오는데, 그 특유의 매력 때문에 일시에 정식 공허(公許)를 얻어 250년간 몇만 명의 신도를 포섭할 정도로 흥성했다. 이것이 역사상 기독교 동전의 제1차 파고(波高)다. 그러나 경교는 9세기에 '회창법난(會昌法難)'(845)과 '황소(黃巢)의 난'(878) 등 일련의 배타적 소요에 휘말려 중국 본토에서는 거의 멸절되다시피 하고 잔존세력이 몽골과 한반도 인접지역인 만주 등 변방으로 흩어졌다.

바다든 강이든 물결은 어느 지점에서 수직으로 딱 멈춰 서지 않고 잔잔한 여파를 남기면서 서서히 가라앉는다. 종교의 전파도 마냥 그러하다. 고대 동방기독교의 동전 물결은 중국에서 중단되지 않고 멀리 한반도까지 그 여파를 몰고 왔다. 아직은 사료와 연구의 부족으로 전파 시기와 내용, 성격, 영향, 결과 등 실상을 구체적으로 밝힐 수는 없지만, 그 개연성을 넘어 초전(初傳)단계의 유입으로는 볼 수 있을 것 같다.

그 근거는 우선 관련유물이다. 가장 유력한 증거 유물로 꼽히는 것이 1965년 경주 불국사 경내에서 출토된 돌십자가와 역시 경주에서 발굴된 두 점의 철제 십자무늬장식, 그리고 성모 소상(塑像)이다. 이 4점의 유물은 모두 7~8세기 통일신라시대의 유물들이다. 돌십자가

철제 십자무늬장식 2점(왼쪽) ●
왼쪽: 5.8×5.6cm, 오른쪽: 2.4×3.2cm / 7~8세기.

돌십자가(오른쪽) ● 24.5×24×9cm / 7~8세기.

는 좌우상하의 길이가 거의 대칭적이어서 십자가의 5형 중 초기 십자가형인 그리스형에 속한다. 두 점의 철제 십자무늬장식은 부착용 장식품인 듯하고, 성모 소상은 양각으로 아기 예수를 품에 안은 구도로 보아 마리아상(Statue of Virgin Mary)으로 추정된다. 이 유물들에 대한 고고미술학적 분석이 진일보 요망됨은 물론, 아직 미상인 출토경위와 제작연대 및 용도 등도 학문적으로 밝혀져야 할 것이다.

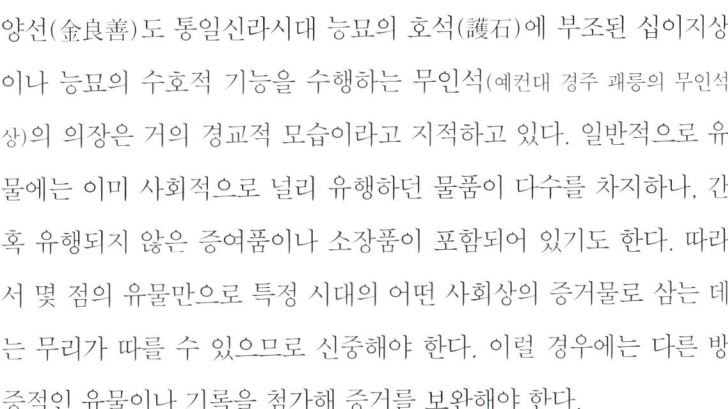

성모 마리아 소상 ● 7.2×3.8× 2.8cm / 7~8세기 / 경주 출토.

그 밖에 일부 연구가들은 주로 불교 관련 유물에 나타난 기독교적 요소를 들어 기독교의 전입을 설명하고 있기도 하다. 예컨대 고대 동방기독교 연구의 권위자인 골든(E. A. Golden)은 경주 석굴암 전실 내벽에 부각된 십일면관음상과 십나한상, 그리고 범천상과 제석천상 등에 나타난 옷 무늬나 신발은 네스토리우스파의 영향을 받은 결과라고 말한다. 한국기독교사가이며 고고학자인 김양선(金良善)도 통일신라시대 능묘의 호석(護石)에 부조된 십이지상이나 능묘의 수호적 기능을 수행하는 무인석(예컨대 경주 괘릉의 무인석상)의 의장은 거의 경교적 모습이라고 지적하고 있다. 일반적으로 유물에는 이미 사회적으로 널리 유행하던 물품이 다수를 차지하나, 간혹 유행되지 않은 증여품이나 소장품이 포함되어 있기도 한다. 따라서 몇 점의 유물만으로 특정 시대의 어떤 사회상의 증거물로 삼는 데는 무리가 따를 수 있으므로 신중해야 한다. 이럴 경우에는 다른 방증적인 유물이나 기록을 첨가해 증거를 보완해야 한다.

고대 기독교의 한반도 초전을 시사하는 증거로는 이상의 유물 말고도 몇 가지 관련기록이 있다. 『삼국유사』에 보면, 7세기 말 신라 신문왕(神文王) 때의 고승 혜통(慧通)에 관한 찬문(讚文)이 있는데, 그 속에 그가 "마귀와 외도(外道)를 모두 서울에서 멀리했다"는 기사가 나온다. 여기서의 '외도'란 불교 이외의 다른 종교를 뜻하는데, 당시 새롭게 접한 다른 종교란 경교일 가능성이 높다. 혜통은 일찍이 당나라에 들어가 밀교의 조사인 선무외삼장(善無畏三藏)을 스승으로 섬겼는데, 그의 천거로 고종(高宗) 딸의 병을 주술로 치유해준 덕분에 고종과 가까워졌다고 전한다. 그런데 고종은 경교를 정식으로 받아들인 태종을 이어 당에서 경교를 중흥시킨 장본인의 한 사람이다. 그는 모든 주에 경교사를 짓게 할 정도로 경교에 경도된 군왕이었다. 이러한 고종과 친분관계를 맺고 있는 혜통으로서는 당에 공전된 경교와 자연스럽게 접하게 되었을 것이고, 그 내용을 알고 있었을 것이다. 따라서 그가 말하는 '외도'란 곧 이 경교를 지칭하는 것이며, 그러한 외도를 '서울에서 멀리했다'는 것은 경교가 신라 안에 이미 들어와 있었음을 방증한다고 미루어 짐작할 수 있다.

『삼국유사』 중에는 『구약성서』에 나오는 전설이나 신화와 유사한 내용들도 발견된다. 예컨대 사량리(沙梁里)에 있는 알영정(閼英井)가에 계룡(鷄龍)이 나타나 왼쪽 갈비에서 어린 계집애를 낳았다는 전설은 「창세기」(2장 21~24절)에서 하느님이 아담의 갈빗대로 여자를 만들었다는 내용과 엇비슷하며, 태종대왕 때 청개구리 수만 마리가 나무 위에 나타나 서울시민들이 놀라 달아나다가 100여 명이 죽고 많은 재물을 잃었다는 기사는 「출애굽기」(7장 25~29절)에 나오는 개구리 소동과 흡사한 점이 있다. 문명현상에서 상사성이 곧 상관성은 아니지만, 서로 비교하여 상관관계를 추론하는 것은 유효한 연구방법이다. 문명 간의 상사성은 수용에 의한 모방으로 이루어질 수 있지만, 보편성이라는 문명의 속성에 기인하기도 한다. 즉 같은 환경이나 여건 하에서는 물론, 때로는 다른 환경이나 여건 속에서도 시간과 공간을 초월해 내용과 형태에서 유사한 문명이 창조될 수도 있다는 것이 문명의 한 속성으로서의 보편성이다. 이러한 점에 유의할 때 『삼국유사』와 『구약성서』에 나오는 전설들 간에 어떤 상사성이 있다는 것은 인정되나, 아직은 연구의 미흡으로 인해 그 상관성 여부는 가늠할 수가 없다.

이상의 국내 유물과 기록 외에도 한반도 주변에서 발견되는 유물과 기사들은 고대 동방기독교의 신라 초전을 일정하게 방증하고 있다. 우리 민족사의 한 구성부분으로서 통일신라와 남북국 관계를 유지해 오면서 교류가 빈번했던 발해에서는 기독교 유물이 여러 점 발견되었다. 발해의 솔빈부 아브리코스 절터에서 십자가가 출토되고, 한때 수도였던 동경용원부(현 훈춘)에서는 십자가를 목에 걸고 있는 삼존불상이 발견되었다. 그런가 하면 1926년 압록강을 사이에 두고 한반도와 인접한 중국 만주 지방의 안샨(鞍山) 부근에서 요대(遼代) 성종(成宗) 때(11세기 초)의 것으로 추정되는 기와로 만든 7점의 십자가가 출토되고, 동방박사의 아기 예수 경배도를 방불케 하는 암각화도 발견되었다. 문헌기록에 의하면 이곳에는 상당수의 경교신자들이 살고 있었다. 이

발해의 솔빈부 아브리코스 절터에서 출토된 십자가

때가 고려 초에 해당하는 시기로서, 이 지역에는 그 전에 이미 경교가 유행하고 있었음을 말해준다.

이와 더불어 불교의 기독교적 요소도 기독교의 초전과 연관시켜 생각할 수 있을 것이다. 대표적 불교미술인 간다라미술은 고대 그리스 문화에 기초한 헬레니즘문화의 영향을 받은 데서 비롯된 것이며, 극

락정토사상이나 미래(내세)와의 관계에서 현재를 파악하는 미륵불사상 같은 것은 원시불교에 기독교적 요소가 가미되어 생긴 것이 분명하다. 그리하여 불교의 이름으로 들어온 이러한 사상과 문화를 기독교적 사상과 문화의 간접적 유입으로 간주해도 무방할 것이다. 그러나 불교 속의 기독교적 요소는 어디까지나 불교 속에 유입된 수반물에 불과한 것이지, 결코 종교로서의 기독교 자체가 직접적으로 유입·전파된 것이라고는 볼 수 없다. 이것은 일종의 초전현상으로 간주해야 할 것이다.

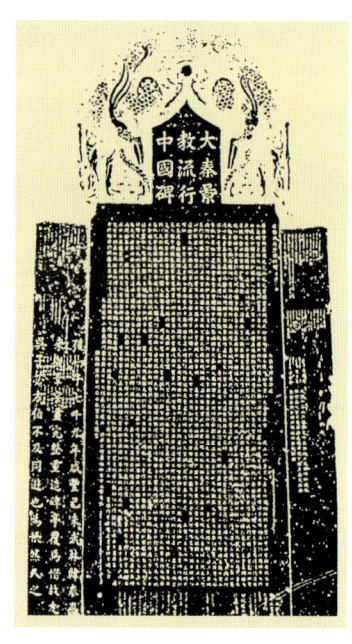

'대진경교유행중국비' 비문

앞서 말한 기독교사가 골든은 일찍이 한국에 4년간 머무르면서 전국의 사찰을 돌아본 후 마지막 1년은 금강산 장안사(長安寺)에 체류했는데, 이때(1917) 그녀는 절 안에 당나라 때 중국에서 경교가 유행한 내용을 기록한 유명한 『대진경교유행중국비(大秦景敎流行中國碑)』(781년 건립)의 모조비를 세웠다. 고대 동방기독교(경교)의 한반도 전파를 상징하는 뜻에서였을 것이다.

이처럼 비록 증빙사료는 아직 불충분하지만, 고대 동방기독교의 신라 초전만큼은 그 흔적이 역력하다. 그렇다면 언제 초전되었는가 하는 문제가 제기된다. 이것은 기독교의 한반도 전파 시원 문제이기도 하다. 비교적 명확한 증빙유물이라고 할 수 있는 불국사(751년 건립)에서 출토된 돌십자가를 기준으로 한다면, 초전시기를 8세기 전반으로 어림잡을 수 있을 것이다. 이것은 경교가 중국에 초전된(635) 지 100여 년 후의 일이다. 물론 아직은 고증에서 불확실성이 적지 않고, 개연성의 범위를 크게 벗어나지 못하는 면도 없지는 않으며, 공식적 허용에 의한 공전(公傳)으로까지는 발전한 것은 아니지만, 그나마 초전의 증빙으로는 고려할 만하다고 판단된다. 앞으로 더 많은 사료와 유물을 발굴하여 초전의 확실도를 더욱 높여야겠지만, 이만큼의 논증으로도 이제 한국과 기독교문명 간의 만남의 역사는 200년이 아니라 그 6배인 1,200년으로 올려 잡아봄 직하다.

경주 불국사 경내에서 기독교의 상징물인 돌십자가가 발견된 사실, 즉 불교와 기독교가 한곳에서 어우러진 사실을 과연 어떻게 설명할 것인가? 불상과 예수상이 한곳에 모셔졌다면 청천벽력이 일어날 오늘의 현실에서는 도저히 상상할 수조차 없는 이상야릇한 일이다. 선이 악으로 변한 세상에서 다시 선으로 돌아가기에는 인간의 지혜가 아직 너무 모자라는 현실에선 그저 그 선을 염불처럼 되뇔 수밖에 없다. 종교들의 어울림이라는 '선' 앞에서 말이다. 이것이 현대의 퇴행이자 고민이다.

영주 분처상의
비밀

예수님이 승천한 후 12사도 중 한 사람인 도마(Tomas)가 동방선교의
사명을 지니고 인도에 와서 고대 동방기독교의 첫 선교활동을 펼쳤
다는 것은 거의 기정사실로 알려지고 있다. 그런 그가 지구의 동쪽
끝 한반도에 왔다 간 흔적을 남겼다면, 이것이야말로 세상을 크게 놀
라게 할 일이 아닐 수 없다. 실제로 그럴싸한 일이 일어났다. 1987년
8월 어느 날 한 독실한 기독교신자에 의해 경북 영주시 평은면 강동

2리 왕유동 분처(分處)바위에서 머리부분이 떨어져 나간 암각상이 발견되었는데, 그것이 기독교와 관련된 조각상이라느니, 심지어 도마상이라느니 하여 충격적인 화제를 던졌다. 특히 기독교계에서는 이 뜻밖의 일을 대서특필하고 흥분에 설레었다. 성역화의 기대마저 부풀어 오르는 가운데, 지금도 찾는 발길이 끊이지 않고 있다.

발견 3년 후에 필자는 현지의 한 중학교 교장선생님의 안내를 받으면서 영주에서 안동으로 넘어가는 비포장 고갯길을 더듬어 올라갔다. 길가에서 오솔길을 헤집고 한참 들어가서야 상이 나타났다. 야트막한 산 중턱에 자리한 상은 숲 속에 묻혀 있었다. 그로부터 4년 후 수학여행차 학생들과 함께 가서 좀더 자세히 현장을 조사하고 상 표면에 나타난 명문을 탁본했다. 돌아와서는 탁본과 사진자료에 관해 전문가들의 조언을 듣고, 그를 바탕으로 나름대로의 견해를 세우기에 이르렀다. 그로부터 8년이 지난 2002년 여름, 한 텔레비전 방송국 취재팀과 함께 다시 찾았다. 어느새 길은 깔끔히 포장되고, 주위는 몰라보게 달라졌다. 관계기관의 협조 속에 1박 2일간의 심층취재를 마치면서 그해 가을께 문화 한마당에 곁들여 학술모임도 가지자고 약속했는데 아쉽게도 무산되고 말았다.

분처바위에 있다고 하여 '분처상'(혹은 '도마의 분처상' '도마상')이라고 하는 이 암각상은 그 터부터가 예사롭지 않다. 속칭 '왕머리'라고 하는 왕유동(王留洞, 왕이 머무른 마을이라는 뜻)은 고려 31대 공민왕(恭愍王)이 중국으로부터 쳐들어온 홍건적의 침입(1361)을 피하기 위해 안동으로 가는 길에 이곳에 머물러 갔다고 하여 이런 이름이 붙여졌다고 전한다.

상은 높이가 족히 5m는 되는 대형 암각상이다. 상면(像面)과 암면

왕유동 분처바위에 있는 분처상과 그 왼쪽에 암각된 '도마'라는 히브리어 글자 ● 상의 가슴 부위에 십자가 모양이 보인다.

(岩面)에는 세 점의 음각한 명문이 있다. 그 한 점은 상의 왼쪽 암면에 네모꼴로 새겨진 네 자의 '도마'라는 히브리어 글자이고, 다른 두 점은 상면의 하단에 새겨진 '야소화왕인도자(耶蘇花王引導者)'와 '명전행(名全行)'이란 한자 명문이다. 이러한 명문과 더불어 특이한 조형기법과 무늬가 확연하게 나타나기 때문에 아무런 명문도 없는 불국사 출토 돌십자가나 경주 출토 성모 마리아 소상에 비하면 여러모로 고증이 가능한 단서를 주고 있다. 그러나 유감스럽게도 아직까지 이 낯선 상에 관한 종합적인 연구, 특

'명전행'이란 명문

히 학제 간의 연구가 제대로 이루어지지 않아 뭐라고 단정적인 결론은 내릴 수가 없다. 이 싯점에서 논급할 수 있는 것은 이 암각상은 보통 불상과는 다르며, 기독교와 관련이 있을 것이라는 추론과 몇 가지 문제점이다. 이것은 고대 동방기독교의 한반도 전래와 관련지을 수 있는 논의라서 더욱 주목된다.

분처상을 기독교와 관련지을 수 있는 근거는 우선 조형기법에서 찾게 된다. 당장 눈에 띄는 것은 손 모양인데, 왼손 손가락 끝은 빗장뼈에 댄 채 손등을 보이고 있으며 오른손은 손바닥을 바깥쪽으로 돌리고 있는데, 이런 자세는 불상의 수인(手印)에서는 그 유형을 찾아볼 수 없다. 그런데 이러한 손 모양은 1908년 중국 뚠황 모가오굴에서 발견된 고대 동방기독교의 일파인 네스토리우스파, 즉 경교의 인물상(일부 학자는 그리스도상이라고 주장)에 나타나는 손 모양과 비슷하다. 손 모양뿐만 아니라 상의 구도나 복장의 화려함도 두 상이 서로 유사하여 불상과는 엄연히 구별된다. 발가락을 드러내는 것도 기독교(예수)상의 보편적 기법이다. 특기할 것은 필자의 초보적 관찰로는 상의

가슴 부위에 십자가 모양이 보인다는 점이다.

다음으로, 무늬에서도 그 근거가 엿보인다. 상의 옆구리와 하부에 음각된 무늬 중에는 모란이나 장미 같은 꽃무늬가 보인다. 그리고 분처상의 고리형 목걸이 무늬와 겉옷의 가로줄 무늬는 경교 인물상의 목걸이나 겉옷 무늬를 방불케 한다. 이와 함께 '도마'란 히브리어 글자나 '야소화왕인도자'란 한자 명문은 비록 그 암각 시기에 관해서는 의문의 여지가 있지만, 이 상이 기독교와 관련된 상이라는 점을 시사해준다.

인근 주민들의 전언도 기독교상이라는 데 무게를 싣는다. 이 상을 지켜봐온 주민들은 종래 이 상 앞에서만큼은 물상숭배 같은 행위는 하지 않았다고 한입으로 증언한다. 실제 현장에서도 그러한 흔적은 좀처럼 찾아볼 수가 없었다. 불상이나 기타 상서로운 대상물만 있으

분처상의 손 모양(위)

모가오굴 천불동에서 발견된 인물상 복원도(아래) ● 당 말기에 제작.

면 예외 없이 불공을 드리거나 복을 비는 한국인들의 전래 관행에 비
춰 보면 짐짓 의외라 하지 않을 수 없다. 이것은 아마 물상숭배를 불
허하는 기독교 같은 유일신교의 영향에서 비롯된 것이 아니겠는가
하고 짐작해본다.

　이상의 몇 가지 근거로 미루어 분처상이야말로 기독교와 어떤 관련

이 있는 암각상이라고 간주해도 큰 무리가 아닐 성싶다. 나아가 이 상을 고대 동방기독교의 한반도 전래를 시사하는 증거유물로 일단 추정해봄 직도 하다. 그러나 상의 실체를 밝히는 데서 간과할 수 없는 몇 가지 문제가 포착되고 있다. 그중 한 가지는 명문의 내용이다. 전문가들의 해석에 의하면, '도마'란 암각자는 현대 히브리어 문자라고 한다. 여기서의 '도마'는 초기교회 시대인 1세기 중엽에 인도 서남

상의 가슴 부위에 보이는 십자가 모양

부와 중국까지(중국까지 왔다는 설은 부정됨) 와서 전도활동을 했다고 전해오는 예수의 12사도 중 한 사람인 도마일 것이다. 따라서 분처상을 도마상으로 본다면 히브리어, 그것도 현대 히브리어로 글자를 새겼다는 것은 시기에 문제가 있을 뿐만 아니라, 이례적이기도 하다. 왜냐하면 상의 조성 연대가 9~10세기경으로 추정되며, 지금까지 발견된 도마 관련 유물 중에는 히브리어로 명기된 유물이 별로 없기 때문이다. 1547년 남인도 서해안의 성 도마산에서 발굴된 석비에도 십자가와 함께 현지어인 펠레비어로만 비문이 씌어 있

다. 그리고 도마 시대는 물론, 11세기 중엽에 이르러 동서 교회가 결별할 때까지만 해도 고대 히브리어가 상용되었다는 점을 감안한다면, '도마'라는 현대 히브리어 암각문은 상이 조성된 이후에 첨가된 것으로 봐야 할 것이다.

'도마'라는 글자보다 더 문제시되는 것은 이른바 '야소화왕인도자'란 명문이다. '야소화왕'은 예수 그리스도에 대한 존칭이며, '인도자'는 사도나 전도자로 풀이된다. 그런데 예수에 대한 '야소(耶蘇)'란 한역(漢譯) 지칭의 출현시기가 문제다. 781년 중국 시안(西安)에 건립된 대진경교유행중국비에서는 예수를 "미시가(彌施訶)", 즉 메시아

(구세주)로 칭하고 있다. '야소'라는 말은 명나라 중기 서방가톨릭이 중국에 유입되면서부터 비로소 쓰이게 된다. 한국의 경우 원효문집에서 예수를 불교식으로 "법왕자(法王子)"라고 칭한 실례는 있으나 '야소'로 한역하거나 음사한 적은 없으며, 그런 경우는 『삼국사기』나 『삼국유사』에도 전혀 보이지 않는다. 따라서 한자 명문도 히브리어 글자처럼 상이 조성된 후에 보탠 것으로 보는 것이 타당할 것이다.

그리고 '명전행'이란 명문에 관해서는 가까이에 있는 순흥면 읍내리 고분 서벽에 고구려인 '전행(全行)'이란 같은 이름의 석공이 등장하는 점을 들어 당대의 명장인 이 전행이 분처상도 제작했을 것이라는 주장이 있다. 400년경에 고구려 광개토왕이 영주와 순흥, 안동 등 소백산 내부 지역을 일시 통치했던 사실을 감안한다면, 상황론적으론 그럴 법한 설이다. 그러나 전행의 실체가 분명하지 않은 점이 있어서 단정은 이르고 숙고가 요망된다. 그 밖에 '전행'을 '전차(銓次)'라는 석장 전행의 호로 해석하는 이도 있는데, 증거가 미흡하여 신빙성이 별로 없다.

한마디로, 분처상은 고대 동방기독교의 한반도 전래와 관련이 있을 개연성은 짙지만, 아직 연구 부진으로 인해 뭐라고 단정 짓기에는 이르다. 이 글은 연구의 단서일 뿐이다. 게다가 분처상의 해명에서 가장 중요한 대상인 머리부분이 떨어져나감으로써 실체를 밝히는 데 큰 어려움을 겪고 있다. 몇몇 주민의 얘기로는 임란 때 왜군이 상의 목을 잘랐는데 3, 40년 전만 해도 머리가 상 앞에서 뒹굴고 있었으며, 지금은 그곳 어딘가 묻혀 있을 것이라고 한다. 그래서 머리부분의 수습과 복원이 급선무다. 아울러 관련 학계의 진지한 협동연구도 요망된다.

오늘도 분처상은 그 무언가를 증언하면서 그 자리에 오도카니 서 있다. 무언 중의 유언, 그것이 바로 역사어다. 이 역사어를 알아듣지 못해 생긴 것이 이른바 '역사의 비밀'이다. 역사의 비밀은 역사의 심연 속에 일시 가려진 것일 뿐, 영원한 것은 아니다. 그 심연을 파헤치다보면, 어느 날엔가는 그 비밀이 허무해지는 법이다. 분처상의 비밀도 종당에는 그러할 것이다.

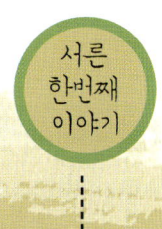

서른
한번째
이야기

겨레사를 빛낸 유민의 원형
고선지

동서고금을 막론하고 역사에서 가장 가여운 사람은 고향을 등지고
떠도는 유민(流民)들이다. 그들 대부분은 나라가 망해서 쫓겨났거나,
아니면 살길을 찾아 고향을 떠난 사람들이다. 경위야 어떻든 간에 이
유민들은 망향의 설움 속에 이방인들과 어울려 살면서 부지불식간에
고국의 문명을 전파하는 '문명교류인' '문명전도사'의 역할을 할 뿐
만 아니라, 때로는 세계인으로 성장하여 고국의 위상을 빛내기도 한

다. 반만년 우리 겨레의 역사에도 이러한 '유민 세계인'이 적지 않다. 우리는 그러한 '유민 세계인'의 원형을 '세계의 지붕'이라 일컫는 파미르고원을 주름잡으며 일세를 풍미한 희세의 명장 고선지에서 찾아보게 된다.

고선지는 우리 겨레 고유의 기개를 떨치면서 중세 동서관계사와 전쟁사에 큰 발자취를 남긴 영걸이다. 그는 망국의 비운을 삼키며 이국 땅 당나라에 강제로 끌려간 고구려 유민(遺民)의 후예다. 아버지 고사계(高舍鷄)는 고구려가 망한 후 성인으로 당에 끌려가 처음에는 하서군(河西郡, 현 깐쑤성)에서 중급장교로 있다가 점차 공을 세워 안서군(安西郡, 현 쿠처)의 사진교장(四鎭校將)으로 승격된 군인이었다. 이처럼 무인 집안에서 태어난 고선지는 어려서부터 무예를 연마하면서 아버지를 따라 안서군에 들어갔다. 그는 용모가 빼어나고 활을 잘 쏘며 말을 잘 탈 뿐만 아니라, 용감대담하고 인품이 출중해 20대에 벌써 유격장군(游擊將軍)에 올랐다.

그러나 한인(漢人)이 절도사로 있던 시기에는 별로 주목을 받지 못하고 있다가 이민족인 서강족(西羌族) 출신의 부몽영찰이 절도사로 오면서 능력을 인정받아 승진가도를 달리게 된다. 처음 그는 쿤룬산맥의 북쪽에 있는 허텐으로 갔다가 곧 중진의 하나인 언기(焉耆)의 진수사(鎭守使)가 된다. 그러다가 그의 서역원정의 서막인 톈산산맥 서쪽의 달

고선지 장군 • 디지털 복원.

©박진호

힌두쿠시산맥 ● 고선지 장군이 서역원정 때 넘나든 험준한 산맥이다.

해부(奚亥部)를 정벌한(740) 공로로 일약 안서부도호라는 파격적인 승진을 하며, 이어 파미르고원 이동 지역의 방어총책인 사진도지병마사(四鎭都知兵馬使)로 발탁된다. 이 같은 급속한 승격은 그 자신의 출중한 자질 덕분이었겠지만, 당시 파쟁에 휘말려 있던 한인 장군들과는 달리 쉽게 통제할 수 있는 '빈천하고 무식한' 번장(藩將, 이민족 장군)들을 끌어들이는 이른바 '번장기용정책'과도 관련이 있다.

이러한 정책의 호기를 타고 요직에 오른 고선지는 이제 망국유민의 치욕을 털어버리고 명실상부한 파미르고원의 주인으로서의 역할을 하기 시작했다. 첫 전투에서 승고를 올린 고선지는 747년 제2차 서역원정인 소발률(小勃律, 현 카슈미르 북쪽 길기트 지역) 원정을 단행한다. 당나라 세력이 서진하려면 지나야 할 관문인 이 소발률은 원래 당나라에 신속되어 있다가 토번(土蕃, 티베트)에 아부함으로써 당의 서역 지배가 위협받게 되었다. 그리하여 현종은 고선지를 전선 총사령관 격인 행영절도사(行營節度使)로 임명하여 이 원정을 단행토록 했다. 고선지 원정군은 안서를 떠나 100여 일 만에 소발률에 도착해 우선 토번의 수중에 있는 천연요새인 연운보(連雲堡)를 장악한다. 여기서 해발 4,500m나 되는 힌두쿠시산맥의 중산험로인 담구령(擔駒嶺, Darkot)을 넘어 수도 아노월성(阿弩越城)을 일격에 무찌르고 토번으로 통하는 등나무넝쿨 구름다리를 끊어버린 후 소발률왕과 토번공주를 대동하고 개선의 길에 오른다. 현종은 그의 전공을 찬양하여 홍려경어사중승(鴻臚卿御史中丞)이란 벼슬을 보했다. 이 정벌로 인해 서역 72개국이 당에 다시 복속되게 되었으며, 당은 서역 변방을 일시 확보하게 되었다.

2년 후 안서절도사로 있던 고선지는, 토번과 결탁해 자국을 침공한 갈족들을 정토해달라는 토화라왕의 요청을 받고 파미르고원을 넘어 제3차 서역원정을 단행해 역시 승전고를 올렸다. 이어 당과 이슬람제국의 틈바구니에 끼어 이쪽저쪽 양면정책을 써오던 석국(石國, 현 타슈켄트 일대)이, 파죽지세로 동점하면서 당을 위협하고 있던 이슬람제국에 굴종하자 다음 해인 750년에 서역경영을 책임진 고선지는 석국에 대한 난폭한 징벌전을 벌였다. 왕이 스스로 성문을 열어 맞이했는데도 불구하고 포로로 취급해 수도 장안에 보내고 많은 사람들을 살상했다. 이것이 고선지의 제4차 서역원정이다. 하지만 당 측의 난폭성은 사태를 진정시킨 것이 아니라, 오히려 뒤이은 탈라스전쟁의 불씨를 낳고 말았다.

석국인들이 석국원정에서 당군이 자행한 난폭성과 망국에 대한 한을 품고 있던 시기에 장안에 호송된 석국왕이 무모한 문인들에 의해 살해되는 일이 발생한다. 이에 석국왕자는 부왕의 복수를 다짐하면서 서역 각국과 갓 출범한 압바스 이슬람제국에 후원을 요청한다. 드디어 751년 7월 고선지가 인솔한 7만 대군과 석국-이슬람 연합군과의 격전이 톈산산맥의 서북단에 있는 탈라스(현 올리아타)에서 벌어졌다. 이것이 당의 서역경영의 운명을 판가름하고 중세 동서관계사에 획기적 의미를 지닌 탈라스전쟁, 즉 고선지의 제5차 서역원정이다. 불과 닷새밖에 걸리지 않은 이 전쟁에서 고선지는 전략·전술상의 착오로 패전의 고배를 마신다. 그는 상승일로에 있는 이슬람군의 위력을 과소평가함으로써 대비책을 소홀히 했으며, 당과 동맹을 가장한 카를루크족의 배반을 예견치 못하고 방심함으로써 결국 카를루크족과 이슬람군의 좌우협공을 받아 전멸 위기에 빠지게 되었다. 당군은 대부분이 사살되고 일부(2만 명)는 이슬람군에게 포로가 되었으며 고선지를 포함해 구사일생으로 패주한 자는 몇천 명에 불과했다.

패장은 귀국 후 밀운군공(密雲郡公)으로 봉해져 열혈을 식힌다. 당대의 최고 시인 두보(杜甫)는 「고도호총마행(高都護驄馬行)」이란 칠언시를 지어 실의를 표현함과 더불어 그의 무공과 용맹을 찬양하고 있다. 그러다가 755년 안녹산(安祿山)이 반란을 일으켜 국운이 경각에 달리게 되자 현종은 그를 정토군부원수로 임명한다. 그는 10만의 천무군(天武軍)을 조직해 섬주(陝州)에 출진했다가 천혜의 요새인 동관(潼關)으로 전략상 후퇴하면서, 적 수중에 들어가는 것을 막기 위해 창고에 사장된 물품을 병사들에게 나누어 주었다. 그러나 그는 이것이 안녹산과 일전도 하지 못하고 억울한 누명을 쓴 채 세상을 하직해야 했던 죄 아닌 죄가 될 줄은 꿈에도 생각지 못했다. 그의 부관이자 감군(監軍, 군 감찰관)이었던 변영성(邊令誠)은 개인적인 원한을 품고 이 전략적 후퇴와 군수품 배분을 황제에 대한 불충이라고 밀고한다. 그리하여 고선지는 진중에서 억울하게 참수당하고 만다.

이렇게 고선지는 11년간(740~751) 다섯 차례나 대군을 이끌고 파미르고원과 힌두쿠시산맥, 텐산산맥 같은 험산준령을 넘나들면서 서역원정을 단행했다. 그중 네 차례는 승전했으나 마지막 한 차례는 패전의 고배를 마시고 모함에 걸려 참수당함으로써 파란만장한 일생을 마감한다. 패전과 참수라는 비운으로 인해 유종의 미는 거두지 못했지만, 또 어떻게 보면 거둘 수도 없었지만, 그의 서역원정은 당의 서역 경영이나 중세사의 전개에 불멸의 기여를 했다. 이와 더불어 유민 번장으로서의 고달프지만 꿋꿋하고 당당했던 한평생은 우리 겨레의 숭고한 얼과 넋을 이역에서 그대로 보여주었다.

고선지의 서역원정은 중세 동서관계사에 일대 전기를 마련했다. 그

지도상의 지명과 연도:
오슬로 1550, 런던 1309, 뉘른베르크 1319, 베네찌아 1276, 미국 1650, 하티바 1150, 페스 1100년경, 씨칠리아 1056, 알렉산드리아 900년경, 카이로 900년경, 이스탄불, 다마스쿠스, 바그다드 793, 흑해, 아랄해, 카스피해, 지중해

의 4차에 걸친 연전연승의 서역원정은 승승장구하는 기세로 중앙아
시아와 중국으로 밀려오는 이슬람 물결에 제동을 걸었는가 하면, 그
의 최후 일전인 탈라스전쟁에서의 패배는 이슬람이 중앙아시아에 정
착할 수 있는 계기가 되었다. 뿐만 아니라 이 탈라스전쟁은 이슬람군
과 당군 간의 처음이자 마지막 군사충돌로서, 그 결과 파미르고원을
경계로 하여 세계적 양대 강국인 이슬람제국과 당제국이 동서에 병
립하는 중세의 새로운 국제질서가 확립되게 되었다.

　이러한 국제질서의 재편과 더불어 고선지의 원정은 동서문명의 교
류에도 큰 자국을 남겨놓았다. 그의 원정은 중앙아시아를 무대로 한
이슬람제국과 당제국 간의 숙명적인 무력충돌이었지만, 일단 승패가
갈린 후에는 서로가 승복하고 그것을 전화위복의 계기로 삼아 두 제

한혈마 ● 고선지의 서역원정을
계기로 전래된 서역의 한혈마
그림과, 일본인이 찍었다는 한
혈마 사진.

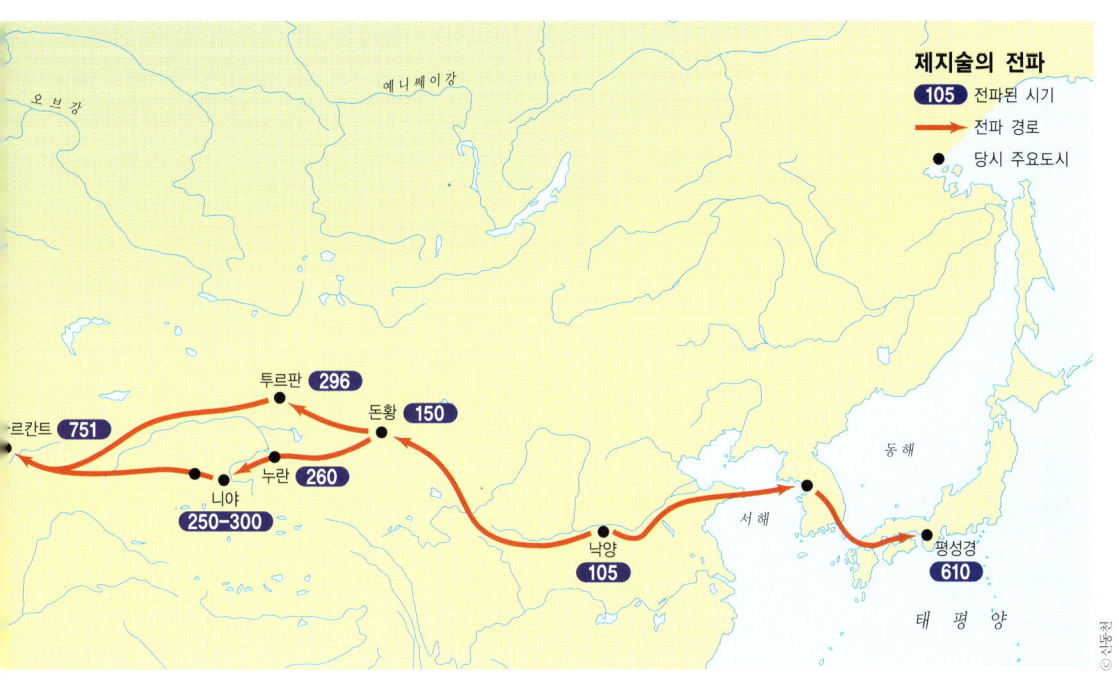

제지술의 전파

국 간에는 선린·교류하는 기운이 싹텄으며 서로에 대한 이해가 더욱 깊어졌다. 이것은 역사에서 보기 드문 선례다. 탈라스전쟁 직후 이슬람제국은 당에 사절을 파견하고, 이 전쟁에서 포로가 된 두환(杜環)은 이슬람세계에 10여 년간 머물고 돌아와서 이슬람세계에 대한 첫 현지견문록을 펴냈다. 탈라스전쟁에서 포로가 된 당나라 군사 2만 명은 이슬람제국에서 각별한 우대를 받고 나름대로의 기능을 발휘할 수가 있었다. 뿐만 아니라 이 원정을 계기로 슬슬(瑟瑟, 보석의 일종)이나 한혈마(汗血馬) 같은 서역 특산물이 중국에 들어왔으며, 그것은 다시 신라에까지 전해졌다.

흔히 고선지의 서역원정이라고 하면 연상되는 것이 제지술의 서방 전파다. 오늘날과 같은 이슬람문명이나 유럽문명의 발달은 결코 제지술의 도입과 떼어놓고 생각할 수 없다. 그런데 이슬람세계나 유럽으로의 제지술의 전파는 고선지의 서역원정에 의해 이루어졌다고 할 때, 그 원정이 갖는 문명교류사적 의미는 거듭 강조되지 않을 수 없다. 탈라스전쟁에서 이슬람군의 포로가 된 2만 당군 가운데는 제지기술자들도 들어 있었다. 중국의 제지술이 그들에 의해 우선 우즈베키스탄의 사마르칸트에 전해진 후에 점차 바그다드를 비롯한 이슬람세계 각지에 퍼졌다. 12세기 중엽부터는 아랍인들을 통해 유럽 각지에 전달되어 급기야 유럽에서 출판인쇄술을 탄생시킨 촉매제가 되었고, 그 영향은 르네쌍스와 종교개혁, 계몽주의의 출현으로 이어졌다. 이것은 인류문명사에서 하나의 획기적인 사건이었다.

고선지의 서역원정이 갖는 이러한 세계사적 의미는 유민으로서의 그의 세계성을 말해준다. 그런데 그 바탕에는 고구려인 특유의 기질이 깔려 있다. 그래서 우리는 그를 우리의 겨레사를 빛낸 '유민 세계인'의 원형으로, 본보기로 삼고자 한다. 고선지는 천부적 재능과 불굴의 투지, 탁월한 지략, 그리고 고매한 품성을 겸비한 희세의 위인이다. 제2차 서역원정인 소발률원정에서 나름의 삼군법(三軍法)과 기상천외한 묘책으로 전승고를 올린 사례는 무장으로서의 그의 지략을 그대로 반영하고 있다. 이 원정 도중에 적의 주요요새인 연운보를 공략하기 위해 지장 고선지는 군사를 앞과 중앙, 후미에 배치하는 중국의 전통적 삼군법과는 달리, 좌·우·중앙의 세 길로 전진하는 창의적인 삼군법을 도입했다. 또 공격목표인 수도 아노월성을 지척에 두고 해발 4,600m의 험준한 담구령에 이르렀을 때, 100여 일간 강행군을 해온 사병들이 지칠 대로 지친 데다가 일부 부하들이 겁에 질려 전진을 거부하는 일이 벌어진다. 그러자 그는 진군에 앞서 군사 20여

명을 적병으로 가장시켜 산 아래에서 영접하는 체하도록 시킨다. 이를 목격한 군사들은 사기가 진작되어 결국 공략에 성공한다.

고선지의 인격에서 두드러진 것은 넓은 아량과 지인선용(知人善用)하는 그릇이다. 소발률원정에서 개선하는 도중 장안에 사람을 보내 승전보를 알리자 상관인 절도사 부몽영찰은 그것을 자신에 대한 '불경'으로 오해하고 대로하여 '개똥이나 핥아 먹을 고구려 종놈'이라는 참을 수 없는 민족적 멸시를 안긴다. 분명히 억울한 질타임에도 불구하고 그는 상관인 절도사에게 일언반구의 대꾸도 없이 여전히 '중승(中丞)'이라고 존칭하면서 사과를 표한다. 이 사실을 통보받은 현종은 시비를 가려 부몽을 해임하고 고선지를 그 후임으로 임명한다. 그러자 부몽은 스스러워서 고선지를 피하려 했으나 그는 종전과 다를 바 없이 부몽을 존대한다. 그리고 절도사로 임명된 후, 평시 그를 질시하고 감시하던 몇몇 부하들이 불안에 떨고 있자 그들을 한데 모아놓고 "공들은 얼굴은 사나이 같으나 속은 계집과 같으니 어찌 된 영문인가"라고 한바탕 꾸짖고 나서 몇 사람을 채찍으로 갈기는 시늉을 한다. 그러고는 다시 "공들이 회개하니 이로써 다 풀렸다"고 하면서 "공들이 품고 있는 한에 대해 만약 내가 이렇게 말을 꺼내지 않으면 오히려 걱정할 것이 아닌가. 이제는 할 말을 다 했으니 속이 다 후련하다"라고 태연자약한 자세로 상대를 안심시킨다. 이것은 영걸 고선지의 호방한 성격과 능수능란한 사태처리 방법의 일단을 생생하게 보여준다.

고선지가 그토록 고된 원정과 번장으로서의 어려운 고비를 그나마도 슬기롭게 넘길 수 있었던 것은 이 지인선용의 지략과도 크게 관계된다. 그는 유능한 부하들을 선임하여 믿고 키워서는 자신의 유력한

파미르고원의 민타카고개 부근 ●
옛날에는 해발 4,742m의 이 고
개를 넘어야 서역으로 갈 수 있
었다. 중국의 현장 스님과 신라
의 혜초 스님도 이 고개를 넘었
고, 고선지가 꿈을 펼쳤던 곳도
바로 이 파미르고원이다.

협조자로 선용했다. 대표적인 일례가 부관 봉상청(封常淸)이다. 원래 봉상청은 어려서부터 못 먹고 자라 체구가 왜소한 데다가 애구에 절름발이였으나 냉철하고 과감하며 지략이 뛰어난 재사여서 외조부를 따라 안서군에 종사했다. 그러나 나이 서른이 되도록 출세를 하지 못했다. 그는 항상 위용당당한 군사들을 이끌고 출영하는 고선지의 모습을 흠모하면서 입대를 원해 투서까지 했다. 그러나 고선지는 그의 초라한 외모가 마음에 들지 않아 종군의 청을 거듭 거부했다. 그러자 상청은 외모가 아니라 재능에 따라 인재를 선용할 것을 면전에서 권유한다. 그러나 고선지가 여전히 불응하자 그의 집 대문 앞에서 떠나지 않고 먹고 자면서 수십 일간 허락을 기다린다. 마침내 그의 집념에 감동한 고선지는 그의 충정과 뛰어난 재주를 믿고 종관(從官)으로 채용한다. 상청은 출정의 고비마다 출중한 지략으로 은인 고선지를 보좌하여 전승에 크게 기여했다. 탈라스전쟁의 고배도 함께 마셨고, 모함을 받고 참수되는 최후의 운명까지도 고선지와 함께 맞았다.

'파미르의 주인'으로 그 명성과 위세를 떨친 고선지는 당의 무장이기에 앞서 고구려땅에 태를 묻은 고구려인의 후손이며, 따라서 명실상부한 고구려인이다. 그는 고국에서 멀리 떨어진 당나라의 서쪽 변방, 황량하기 이를 데 없는 그곳에서 소년시절을 보내면서 고국에 대한 그리움과 망국유민의 한을 오직 무를 닦는 정열로 승화시켜 마침내 당대 으뜸가는 명장이 되었다. 그는 '죽음의 벌판' 타클라마칸사막을 누비고 '세계의 지붕' 파미르고원을 넘나들면서 인류전쟁사에서 보기 드문 전공을 쌓아 올렸다. 소발률 정토를 위해 거의 반년에 걸쳐 힌두쿠시의 험로를 극복한 고선지의 위용을 높이 평가하여, 20세기 초 이 지역을 직접 답사한 영국의 유명한 탐험가 스타인(A. Stein)

은 "현대의 어떠한 참모본부도 다룰 수 없는 것이며, 나뽈레옹의 알프스 돌파보다 더 성공적인 것"이라고 극찬을 아끼지 않았다.

실로 고선지야말로 몸은 비록 이역에 있었지만 겨레의 거룩한 얼과 넋을 드날린 자랑스러운 한국인이다. 명장으로서의 고선지, 세계인으로서의 고선지, 그는 거룩한 용맹과 위훈으로 우리의 민족적 자존심과 긍지를 세계만방에 과시해주었다. 고니를 귀하게 여기고 닭을 예사로이 여긴다는 '귀곡천계(貴鵠賤鷄)', 즉 드물고 먼 것을 귀하게 여기고 흔하고 가까운 것을 예사로이 여기는 것은 인간의 상정(常情)이며, 집 떠난 자식을 더 생각하는 것은 세간의 모정(母情)일진대, 우리는 나라 밖에서 애환의 겨레사를 함께 일구어온 사람들을 잊지 말고 반겨 맞아주며, 그들과 함께 온전한 겨레사를 엮어나가야 할 것이다.

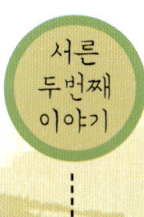

장보고 해양경영의
문명교류사적 의미

인간은 존재양식에 따라 크게 순수 생물학적 존재로서 자기만을 위해 살아가는 '단순 인간'과 사회관계 속에서 남을 위해 남과 더불어 살아가는 '사회적 인간'의 두 부류로 대별된다. 그런데 역사인으로서의 이 '사회적 인간'을 자세히 들여다보면, 누구나 할 수 있는 일을 하는 '사건적 인간'과 남이 할 수 없는 일을 하는 '사건창조적 인간'으로 나누어진다. 이 '사건창조적 인간'이 바로 역사에서 말하는 위인(혹은 영웅)인 것이다. 이러한 위인은 대체로 역사의 격변기에 나타나 그 격변을 타개하는 데서 선도적 역할을 한다. 그러나 위인도 어디까지나 사회관계 속의 인간인만큼 역사와 시대의 피조물일 수밖에 없다.

우리 겨레사에서 이렇게 역사의 격변기에 '사건창조적 인간'으로 역사무대를 활보한 위인의 전형을 꼽으라면 아마 많은 사람들은 장보고(張保皐)를 지명하는 데 주저함이 없을 것이다. 왜냐하면 그는 9세기 신라를 비롯한 동북아시아의 전반적 정세가 크게 흔들리는 시기에 신라와 중국(당), 일본 3국을 아우르는 '해상왕국'을 건설해 우리 겨레사나 동북아의 지역사뿐만 아니라, 동서문명 전개사에 엄청난 기여를 했기 때문이다. 그래서 그와 같은 시대를 산 당나라 시인 두목(杜牧)은 『번천문집(樊川文集)』에서 그를 "동쪽 나라에서 가장 성공한 사람"이라고 평가했다.

8~9세기 동북아 3국은 중앙집권적 통치체제가 무너지고 지방의 토호들이 독자적 세력을 형성해가면서 지방분권적 체제로 변해가는 격변기에 있었다. 중국에서는 8세기 중엽 '안사(安史)의 난'을 계기로 율령에 의한 중앙집권적 통치제도는 무너지고 지방의 절도사가 주도하는 번진(藩鎭) 체제가 성립되었다. 신라에서는 8세기 말에 이르러 왕권은 진골귀족들의 도전으로 인해 약화되고 그들 간에 왕권쟁탈전이 일어나자 지방호족들이 세력을 키워나갔다. 일본의 경우도 9세기에 이르러서는 국가권력의 상징인 천황의 권위가 추락해 후지와라씨(藤原氏)를 비롯한 귀족세력이 전횡하자 지방에서는 토호세력이 할거하는 국면이 나타났다.

이런 환경 속에서 당에 대한 조공무역으로 대표되는 공무역은 점차 쇠퇴하고, 대신 각지에서 흥기한 상업집단 간의 사무역이 성행하기 시작했다. 이러한 틈을 타서 해상에서는 해적행위가 빈발하고, 해적들의 신라인 노예매매도 기승을 부렸다. 이와 더불어 씰크로드 해로를 통한 아랍 무슬림 상인들의 교역 여파도 한반도에 밀려오기 시작했다. 이러한 시대적 변화는 그것을 진두에서 지휘할 위인의 출현을 절실히 요청하고 있었다.

이러한 시대적 요청에 부응해 나타난 위인이 바로 해상왕 장보고

장보고 영정

다. 그의 출신이나 행적, 그리고 그에 대한 역사적 평가에서 아직은 적잖은 이의나 애매한 점들이 있어서 우리 앞에 다가선 장보고의 실체가 뚜렷하다고 말할 수는 없다. 그렇지만 한 가지 분명한 것은 그가 '해상 왕국의 건설자' '해양상업제국의 무역왕'으로서 '인의 지심(仁義之心)'과 '명견(明見)'을 두루 갖춘 사건창조적 위인이라는 사실이다. 그는 '해도인(海島人)'으로서 790년경 전라남도 완도(莞島)에서 태어난 것으로 알려져 있으며, 어릴 적부터 활쏘기와 창던지기에 뛰어나 '활보', 즉 '궁복(弓福)' 또는 '궁파(弓巴)'라고 불렸으며, 후일 우리 측과 중국 측 기록에는 장보고로, 일본 측 기록에는 재신(財神)을 뜻하는 장보고(張寶高)로 적혀 있다. 20대 후반에 친구 정년(鄭年)과 함께 당나라로 건너가 30세 남짓에 쟝쑤성(江蘇省) 쉬져우(徐州)에서 군사 5,000명을 거느리는 무령군 소장(武寧軍小將)이 되었다. 그러나 무장으로 출세한 것에 만족하지 않고 당나라에 거주하던 신라인과 고구려·백제 유민들을 규합해 무역업에 뛰어드는 한편, 샨뚱성 적산포(赤山蒲)에 법화원(法華院)을 세워 유민들과 유학승들의 안식처를 제공하는 등, 당나라에서 자치적인 집단을 이루고 있던 신

라방(新羅坊)과 신라촌을 거느리는 총수로 맹활약했다.

장보고가 세운 적산 법화원 ●
1980년대에 복원.

그러다가 신라인들이 해적에 납치되어 노예로 인신매매되는 참상을 목격하고는 의분을 참지 못해 828년에 귀국을 결행한다. 흥덕왕을 배알하는 자리에서 신라 동포들이 해적에게 노예로 잡혀가는 일이 없게 하겠다고 하늘에 맹세하고 귀국했다고 말하고, 군사 1만을 주어 청해진(淸海鎭)을 건설한다면 해적을 일소하고 국제무역으로 얻은 재부를 나라에 바치겠다고 약조한다. 장보고가 간직해온 애국애족의 간절한 마음을 읽을 수 있는 대목이다. 왕은 그의 주청을 받아들이고, 그를 '청해진 대사'에 임명한다. 그는 맹세대로 청해진을 중심으로 해상활동을 펼쳐 해적과 노예상들을 일격에 소탕하고 각지에 난립한 군소 해상집단을 평정한 후 중국과 일본에 흩어져 있는 신라인들과 힘을 모아 신라-당-일본 간의 국제적 삼각해상무역망을 구축했다. 거기에 자위적인 군사력마저 보유하여 동북아의 해상교통권과 무역권을 완전히 거머쥔 명실상부한 '해상왕국의 건설자'가 된다. 중국에는 '견당매물사(遣唐賣物使)', 일본에는 '회역사(廻易使)'란 이름의 교관선단(交關船團)을 파견해 동북아뿐만 아니라 멀리 아랍 무슬림 상인들과도 교역한다. 당시 기록에는 일본인들이 가산이 기울 정도로 신라물품을 사들였다고 하니, 그 무역규모가 얼마나 컸는지 가히 짐작할 수 있다. 동북아 전체를 장악한 최초의 해상왕국은 이렇게 승승장구하고 있었다.

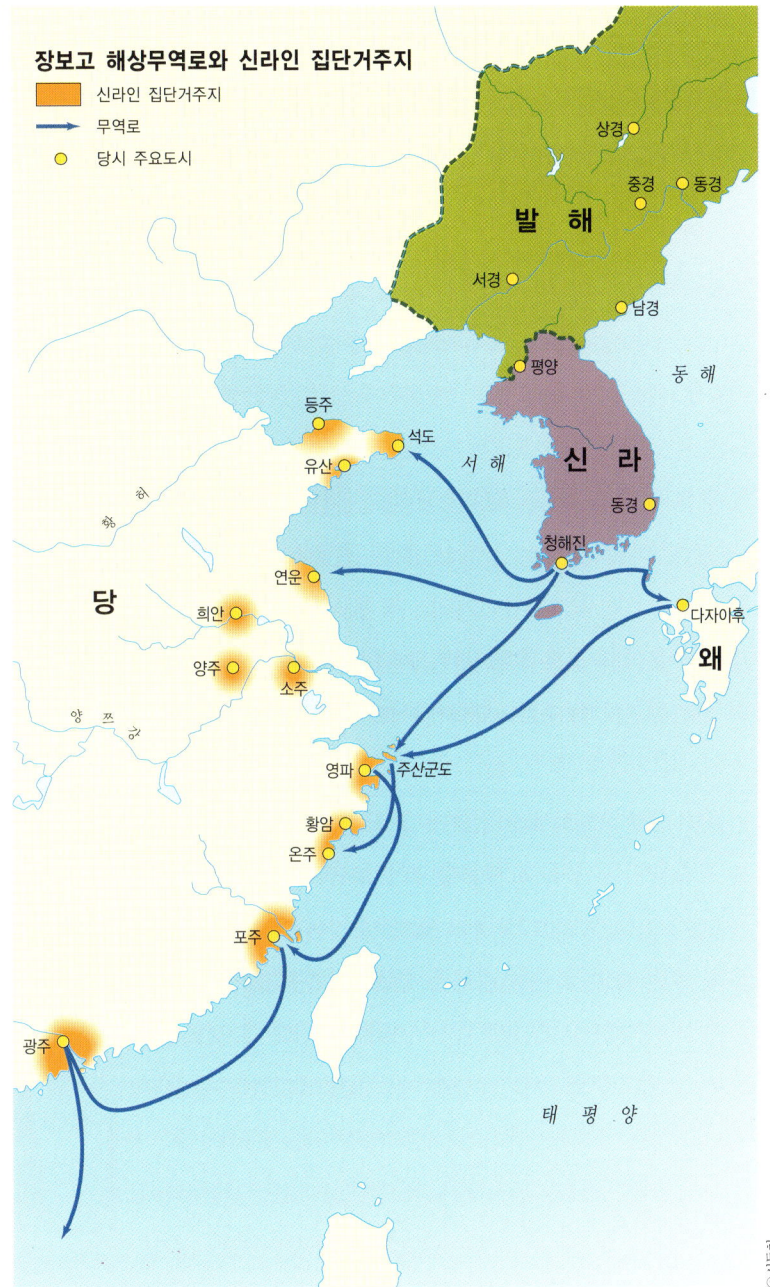

장보고 해상무역로와 신라인 집단거주지

- 신라인 집단거주지
- → 무역로
- ● 당시 주요도시

발 해

상경
중경　동경
서경
남경
평양
동 해
신 라
동경
서 해
청해진
다자이후
왜
등주
석도
유산
연운
희안
양주
소주
영파　주산군도
황암
온주
포주
광주
당
태 평 양

ⓒ 신동헌

신안 앞바다에서 발굴된 해저
유물(위) ● 장보고 사후에도 서
남해안 지역은 국제무역의 중
심지로서 활발한 민간활동을
벌였다. 14세기 중반 신안 앞바
다에 가라앉은 상선의 유물들
은 당시 국제무역이 얼마나 활
발했는지 잘 보여준다. 청자 동
자상(왼쪽)과 촛대(오른쪽).

목간(아래) ● 신안 앞바다에서
발견된 것들로, 쓰여 있는 글귀
를 통해 침몰연대를 알 수 있다.

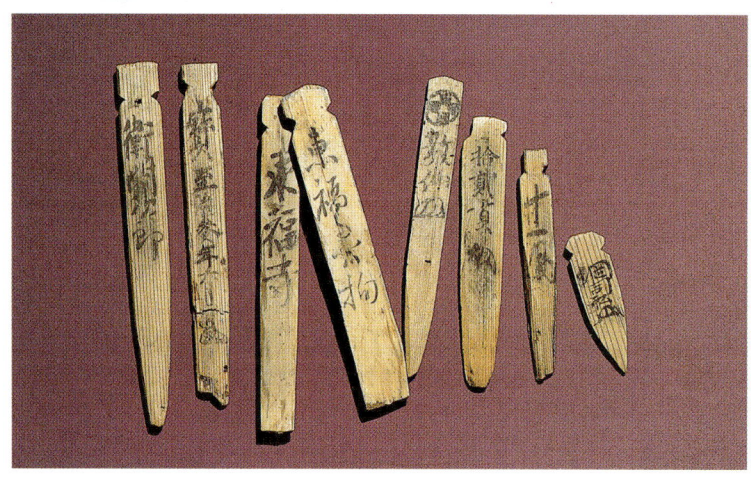

그러나 정치의 유혹은 이 의롭고 현명한 위인을 무모한 정치의 소용돌이 속으로 몰아넣었다. 그는 자의 반 타의 반 중앙귀족들의 왕권쟁탈전에 휘말리면서 딸을 46대 문성왕(文聖王)의 두번째 비로 바치기로 한다. 그러나 청운의 꿈도 잠시, 그의 세력 확대를 우려한 중앙귀족들의 사촉을 받은 부하 염장(閻長)에게 술자리에서 피살되고 만다. 해상왕국 건국 18년 만인 846년의 일이다. 장보고 피살 후 청해진은 염장에 의해 한동안 관장되다가 851년에 해체되고 주민들은 벽골제(碧骨堤, 현 김제시)로 강제이주되면서 찬란했던 장보고의 해상왕국은 역사의 뒤안길로 사라지고 만다.

동북아의 드넓은 해역을 주름잡던 장보고의 해양경영은 본질에서 무역을 중심으로 한 문명교류활동이다. 그 활동의 문명교류사적 의미는 한마디로 당대의 동서문명교류에 획기적인 전기를 마련했다는 데 있다. 823년에 씌어진 『전당문(全唐文)』은 탐부라(耽浮羅), 즉 제주도 상인들의 큰 배가 중국 남단의 꽝져우까지 오간 사실을 기록하고 있으며, 일본의 도당구법승 엔닌(圓仁)의 『닛또오구호오쥰레이꼬오끼(入唐求法巡禮行記)』를 비롯한 여러 사적은 양져우(楊州)나 취안져우(泉州) 등 중국 동남해안의 국제무역도시에서 신라상인들이나 교관선이 활발하게 무역거래를 하는 상황을 구체적으로 전하고 있다. 특히 9세기 중엽부터 나타난 아랍문헌의 기록에 의하면, 많은 아랍 무슬림들이 신라에 내왕하고 있을 뿐만 아니라 정착까지 하고 있으며, 신라로부터 비단, 검, 말안장 같은 물품을 구입해갔다고 한다. 이러한 내왕과 교역이 아랍인들의 선박에 의해 진행되었다는 기록이 없는 점으로 미루어 십중팔구는 그들이 거래하거나 거주하고 있던 중국 동남해안을 드나들던 신라선박을 이용해서 이루어졌을 것이다.

이러한 모든 사실은 장보고의 해양경영에 의해 동서문명교류의 통로인 씰크로드 해로가 지금까지의 통설처럼 중국의 동남해안에 와 멈춰선 것이 아니라, 한반도 내지는 한반도를 기착지로 하여 일본까지 연장되었음을 입증한다. 그 주항로는 중국 동남해안에서 한반도 서남해안을 잇는 횡단로와 사단로(斜斷路)이며, 그 연장선상에서 한반도 서남해안에서 쯔시마(對馬) 섬과 이끼(壹岐) 섬을 거쳐 북큐우슈우의 하까다(博多, 현 후꾸오까)로 연결되는 바닷길이다. 이 바닷길은 씰크로드 해로의 동쪽 끝으로서, 동서문명교류에서 중요한 의미를 가진다.

이와 더불어, 장보고의 해양경영은 우리나라의 문명교류사에서도 하나의 전기를 마련했다. 동북아 3국을 갈무리한 넓은 해역을 종횡무진 항해하면서 강력한 통제력으로 국제적 삼각무역망을 형성한 것은 우리나라의 해양진출과 국제무역의 효시다. 이러한 경영은 발달된 조선술과 항해술이 뒷받침됨으로써 비로소 가능했던 것이다. 조선술만 봐도 일본이 중국에 파견하는 견당사들은 예외 없이 '신라선'을 이용했는데, 한 척의 승선원은 140명가량이고, 평균 적재량은 250톤쯤 되었다고 한다. 650년 후에 콜럼버스가 대서양을 횡단할 때 끌고 간 3척의 배 가운데 기함의 적재량이 고작 250톤이었으니 신라선의 선진 조선술을 가히 짐작하고도 남음이 있다. 장보고의 성공적인 해상활동은 후일 첫 민족통일국가인 고려의 해양진출과 국제무역의 초석이 되었으며, 그가 개척한 해로는 근세에 이르기까지 우리나라의 대외통로로 역할했다.

우리의 해양진출과 국제무역의 효시를 장식한 장보고의 해양경영은 그 전까지의 대외무역이 지녀오던 성격을 일변시켰다. 그는 중앙집권적 율령제도의 붕괴에 따른 공무역의 쇠퇴와 사무역의 흥기라는 새로운 동북아 정세 변화에 능동적으로 대처하여 3국의 지방 세력집단들 간의 사무역에 주력했다. 이것이 무역망을 확충하고 지방정권으로서의 '해상왕국'을 건설할 수 있었던 주요인의 하나다. 그리고 일본이나 중국과의 일대일 단선무역 형태를 탈피해 동남아시아나 서역으로부터 물건을 들여다 재수출하는 중계무역도 사상 처음으로 실현했다.

장보고의 해양경영이 우리의 문명교류사에 미친 영향 가운데서 특이한 것은 '신라신(新羅神)'의 전파다. 713년경에 편찬된 일본의『부젠꾼후우도끼(豊前國風土記)』에서 보다시피, 일본인들은 일찍부터 신라인들을 통해서만 해외로 진출하고 교역할 수 있었으므로 항해의 수호신으로서의 '신라신'에 대한 신봉이 싹트고 있었다. 특히 당나라에 가서 불교를 배우는 데 열심이던 일본 천태종의 '신라신'에 대한 신앙은 각별했다. 조사인 사이쬬우(崔澄)는 당나라로 떠나기 전에 카와라(河原, 현 후꾸오까현)에 있는 '신라국신'에게 기원제를 올리고, 돌아와서는 사은의 표시로 진구우인(神宮院)이란 절까지 지었다. 신라인들의 도움 속에서 재당 9년 반 중 2년 반이나 신라인들의 도량인 적산 법화원에 기거한 천태종 3대조 엔닌도 귀국해서는 '신라명신(新

일본 적산선원에 모셔진 '적산 대명신'

羅明神)'에게 사은하는 예를 올렸으며, 그의 제자들은 스승의 유지를 받들어 적산선원을 세워 '적산대명신'(적산신라신)을 모셨다. 얼마 전 방영되었던 한 드라마에서 장보고와 신라선단의 신묘한 활동을 '해신(海神)'에 비유한 것은 이래서 일리가 있다고 하겠다.

희세의 위인 장보고의 해양경영은 우리 겨레의 역사에서 전무후무한 장거다. 해양국 한국의 미래를 향한 도약에서 선현이 이루어놓은 위업은 소중한 귀감이 될 것이다.

세계를 향한
선진해양국 고려

서른
세번째
이야기

고려는 우리 겨레사에서 첫 자주적 민족통일국가다. 그 역사적 위상에 걸맞게 고려는 세계를 향해 선진해양국다운 면모를 보여주었다. 3면이 바다로 에워싸여 있는 우리나라는 늘 대륙문명과 해양문명이 만나 조화를 이루는 속에서 역사를 개척해왔고, 특히 바다를 잘 경영할 때는 국운이 흥해 나라가 강성했다. 고려가 바로 그 선례다.

고려는 태생적으로 해양경영에 힘입어 일어난 나라다. 태조 왕건

(王建)은 해양호족세력의 출신으로서 건국 전에는 궁예(弓裔) 예하의 백선장군(百船將軍) 해군대장이었으며, 건국 후에도 해군총관역을 맡아 건국의 기틀을 다졌다. 그런데 태조의 이러한 성장은 튼튼한 뿌리가 있었기에 비로소 가능했던 것이다. 그 뿌리가 바로 해상왕국을 건설한 장보고의 해양경영이다. 851년에 그 해상왕국은 무너졌지만, 장보고에 의해 구축된 동북아 3국의 국제무역망은 결코 사라지지 않고 날로 활성화되었다. 그 흐름을 타고 왕건의 해양세력은 성장하여 70년도 채 안 되어 후삼국을 통일하고 드디어 918년에 고려를 일떠세웠다. 요컨대 해양경영이라는 측면에서 보면 고려는 장보고 해상왕국의 당당한 계승국인 셈이다. 이러한 계승성이 고려로 하여금 선진해양국으로 발돋움하게 하고, 주권국가로서의 세계성을 확보할 수 있게 했다.

고려의 국가적 성격을 논할 때, 흔히 '귀족적 성격'이니, '불교적 성격'이니, 혹은 '대외적 성격'이니 하는 말을 한다. 여기서 '대외적 성격'이란 '세계성'과 상통하는 말이다. 첫 민족통일국가인 고려는 해양경영을 비롯해 활발한 대외교류활동을 통해 만방에 널리 알려지게 되었을 뿐만 아니라, 국력을 키워나갔다. 그리하여 이때부터 서구인들의 뇌리에는 우리나라가 '꼬레아(고려)'란 이름으로 각인되게 된다. 1224년 프랑스 루이 9세가 원나라에 파견한 사신 루브루크가 그의 여행기에서 '섬의 나라 까우레'라고 한마디 한 것이 서구에 알려진 한국의 첫 소식이자 이름이며, 그 후 페르시아의 역사가 라시드 앗 딘(Rashīd ad-Dīn)이 세계통사 격인 『집사(集史)』(1307~1311)에서 고려를 '까올리'(Kaoli)라고 지칭함으로써 '꼬레아'라는 이름이 서구에 퍼지게 되었다.

세계를 향한 선진해양국으로서의 고려가 이러한 세계성을 지닐 수 있게 된 것은 주로 천혜의 자원인 해양을 슬기롭게 경영했기 때문이다. 고려는 발달된 '우리식' 조선술과 항해술을 구비하고 있었다. 1274년 여·몽 연합군의 제1차 일본원정 때, 하까다(博多) 해안에서 벌어진 해전상황에 관해 원나라 측 기록인 『원사(元史)』는 "원나라전함은 모두 돌풍에 깨졌으나 고려전함은 대부분 무사했다"고 전한다. 이 해전의 모습을 생생하게 묘사한 두루마리 그림 한 점이 일본 쿠마모또현(熊本縣)의 한 절에 소장되어 있는데, 거기서 이러한 점을 확인할 수가 있다. 이 해전에 투입된 고려군의 대선 한 척의 길이는 약 30m로서 90명이 탈 수 있으며 적재량은 쌀 3,000석을 실을 수 있는 250톤가량이다. 240여 년 후에 마젤란이 세계를 일주할 때 끌고 간 5척 배 가운데서 가장 큰 배래야 130톤밖에 안 되었으니, 그 우열은 자명하다. 이 원정을 위해 고려는 '배 위에서 말을 달릴 만하다'고 한 이러한 대선 300척을 포함해 모두 900척의 선박을 불과 4개월 만에 건조해냈다.

이러한 수준 높은 조선술로 건조된 배에 최신식 무기까지 장착했으니, 고려전함은 그야말로 무적함대였다. 그 형상을 보거나 소리를 듣기만 해도 항복하고야 만다는 주화(走火, 날아가는 불)는 화약을 태워 생기는 추진력으로 날아가는 일종의 로 켓식 무기로서, 사정거리는 보통 화살의 두 배가 넘는다. 원래 화약은 중국사람들 이 발명해 그 제조법을 줄곧 비밀에 부쳐 왔다. 그러나 최무선(崔茂宣)이 20여 년 간의 노력 끝에 드디어 1373년에 화약을 개발해 화포인 주화를 배에 설치했다. 이 렇게 화포를 배에 설치한 것은 고려가 세 계에서 처음이다. 그리고 고려배는 그 종

신기전(神機箭) ● 최무선의 주 화(走火)를 조선시대에 개량한 것이다.

류가 다양할 뿐만 아니라, 『고려사』에 기술된 것처럼 바닥이 평평하 다든가, 배의 앞뒤 면이 유선형이라든가, 난간에 방패와 창을 단다든 가 하는 등 '우리식'으로 만듦으로써 그 위력을 배가시켰다.

고려는 이처럼 우수한 해운수단을 이용해 대외무역을 적극 추진했 다. 태조 왕건은 무역을 통해 나라를 부강하게 한다는 중상주의를 표 방하고, 15대 숙종(肅宗)은 "사농공상(士農工商)에 종사하는 백성이 각기 그 생업을 잘 닦으면 실로 나라의 근본이 된다"고 하면서 상업 을 적극 권장했다. 그리하여 고려는 전례 없는 상업의 중흥기를 맞았 다. 도시와 지방은 물론 심지어 사찰까지도 상업활동에 종사해 부를 축적했다. 개경의 시전(市廛)과 관영상점은 외국으로 보내는 공무역 이나 사무역 상품의 공급기지와 외래상인들의 거래처 역할을 담당했 다. 개경에는 신분에 따라 유숙하는 영빈관(迎賓館)이니 청하관(清河 館)이니 오빈관(娛賓館)이니 하는 외국인 전용 숙소가 10여 곳이나 있어 한꺼번에 수백 명의 외국 사신이나 상인들이 모여들어도 수용 할 수 있었다. 개경과 예성강 입구의 벽란도(碧瀾渡)는 국제무역항으

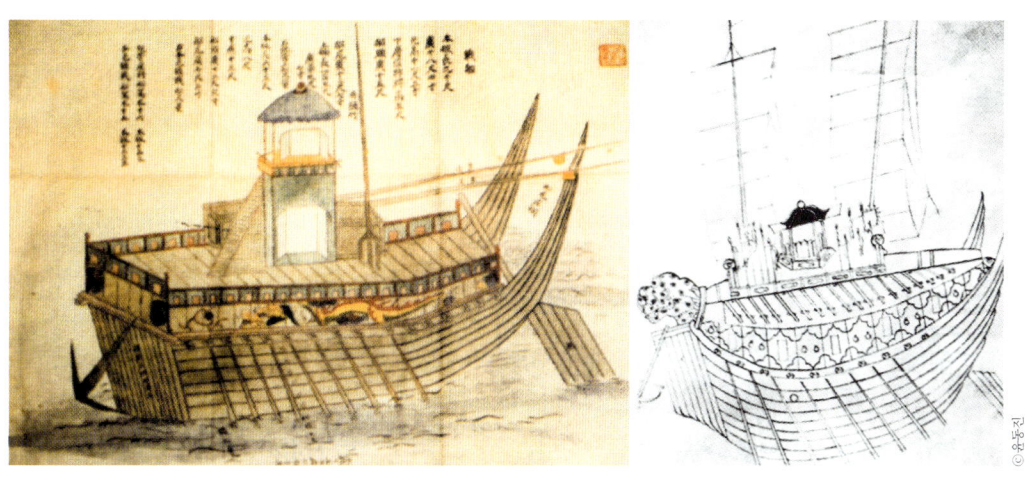

진보하는 조선술 ● 우리 조선술은 고려시대 후에도 발전을 거듭해 조선시대에는 판옥선(왼쪽)과 거북선(오른쪽)을 낳았다. 이 두 배는 기존의 배 위에 2층을 올려 전투병과 노 젓는 병사의 공간을 나누었고, 그에 따라 전투력과 기동력이 혁신적으로 증가했다.

로서 세계 각국에서 온 여러 인종들이 일년 내내 붐비고 있었다. 특히 그들은 겨울철에 열리는 팔관회(八關會)에 참석해서는 공물을 바치고 문물을 교환하며 함께 주연을 베풀기도 했다.

고려는 중국을 비롯한 주변국가들과는 변하는 정세에 따라 능동적이고 자주적으로 사신을 통한 공무역과 상인을 통한 사무역을 적절하게 배합하여 최대의 이익을 취하는 균형 잡힌 실리적 무역정책을 추구했다. 이웃 일본과는 김해에 설치한 동남해도부서(東南海都部署)를 매개로 접촉과 교역을 진행했다. 997년 고려는 3통의 서한을 보내 통상을 요구했지만 내치에 여념이 없던 일본으로서는 응할 수가 없었다. 그리하여 500척의 전함으로 공격을 준비하자 일본 측은 방어진을 구축하고 버티려 했으나 결국 고려의 요구에 응할 수밖에 없었다. 그 후 1056년에 일본인들이 진봉선(進奉船, 공물을 바치는 배)에 상품을 싣고 김해에 와서 공물을 바치려고 하자, 조정에서는 위신을 고려해 공물을 세자에게는 허용하나 왕에게는 불허하고, 비밀누출을 우려해 해로로만 개경에 오도록 했다. 이렇게 눈치를 보며 수동적이던 일본은 13세기 말엽부터는 돌연 해적을 보내 노략질을 일삼았고, 이어 14세기 후반 두 차례의 여·몽 연합군의 원정 등 일련의 교란 속에서 양국 간의 공무역은 주춤했으나 사무역은 여전히 활기를 띠고 있었다.

고려의 대외무역 활동에서 가장 비중이 큰 대상은 중국 송나라였다. 고려는 두 나라의 중간에 끼어 있는 요나라나 거란과의 관계를 고려하면서 능란하게 송나라와의 교역을 유지해나갔다. 비록 초기에는 이러저러한 이유로 인해 국교가 일시 단절되기도 했지만, 곧 회복되어 11세기 약 100년 동안 송나라로부터 약 90차례 4,500명의 상인들이 오갔다. 이 상인들은 대부분이 남방에서 활동하는 사무역업자들로서, 그들을 통해 동남아와 대식의 상인들과 특산물이 고려에 들어왔으며, 고려의 물품이 중개되기도 하였다.

송나라에서 들여오는 상품은 비단, 금은공예품, 자기, 약재 등이었으며, 특히 불경과 유학서, 의학서 등 서적이 많았다. 고려에서 수출하는 상품은 나전칠기, 도자기, 옷감, 붓, 부채, 무기, 마구류 따위가 위주였다. 송나라 수도 카이펑(開封)에서는 고려의 비단과 도자기, 종이, 먹, 부채가 명물로 인기가 대단히 높았다. 송나라는 고려의 사신이나 상인을 위해 고려관을 따로 지어 편의를 보아주며 항상 융숭하게 접대했다. 그래서 조정의 부담이 크고 연도의 백성들에게 폐를 끼치게 되니까 일부에서는 고려와의 무역을 중지해야 한다는 주장까지 나왔다. 이에 소식(蘇軾) 같은 문인은 접대 부담과 기밀누설, 진서의 유출 등 5가지 이유를 들어 고려와의 교역에서 송나라는 '조그마한 이익도 없는데 고려는 큰 이익을 얻는다'면서 공개적으로 고려와의 무역을 나무랐다. 사실 고려는 대송무역에서 여러 가지 특전을 누

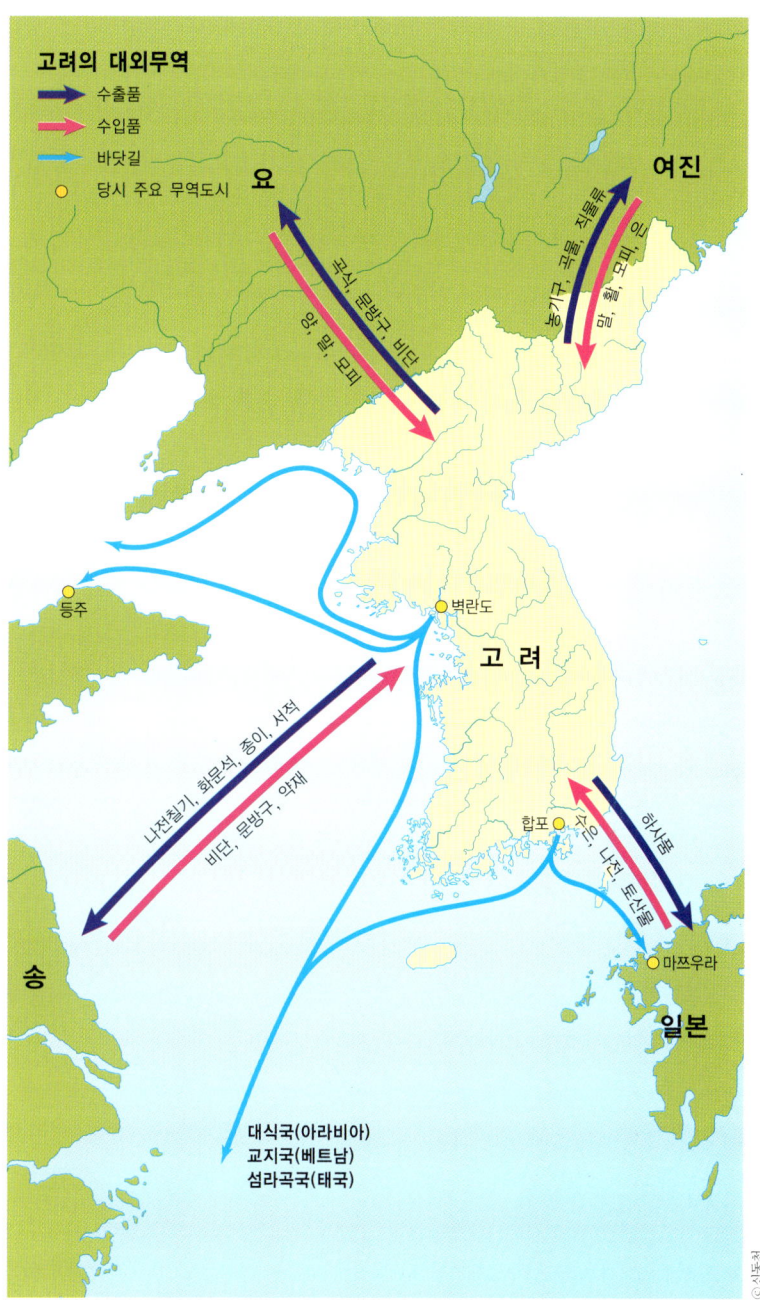

리고 있었다. 예컨대 송나라가 일반 외국인들에게서는 상품가격의 15분의 1을 관세로 징수하나, 고려상인들에게서는 그보다 싼 19분의 1을 받았다. 이것은 역설적으로 고려의 실리적 대송무역정책을 방증해준다.

고려의 해양경영을 통한 교류망은 멀리 동남아시아와 대식까지 뻗어갔다. 장보고시대에 이미 신라상선이 중국의 남단 꽝져우까지 진출한 데 이어, 고려시대에는 그 서쪽으로 동남아와 인도, 대식까지 내왕과 교류가 확대된 사실이 『고려사』를 비롯한 여러 사적에 기록되어 있다. 11세기 전반(1024, 1025, 1037)에 열라자(悅羅慈), 하선(夏詵), 보나합(保那盍) 등 회회(回回), 즉 아랍 무슬림 상인 수백 명이 세 차례나 집단적으로 개경에 와서 수은, 몰약(沒藥), 소목(蘇木, 외과용 약재) 등 방물을 바치고 후대 속에 비단을 하사받았다. 25대 충렬왕(忠烈王) 때는 인도 동남부 코로만델(Coromandel) 해안에 있는 작은 나라 마팔국(馬八國, 모바르Mobar) 왕자 패합리(孛哈里)는 침향(沈香), 면포(일명 서양포) 등의 공물을 보내왔다. 이에 앞서 충렬왕은 대신 채인규(蔡仁揆)의 딸을 원나라 승상 상가(桑哥)에게 공녀로 시집보냈는데, 상가가 피살되자 원의 신속국인 이 마팔국의 왕자에게 재가시킨 것이다. 결국 고려와 인도양의 한 소국 간에는 이렇게 뜻밖의 정략적 혼인관계가 이루어지게 되었다. 그 밖에 고려는 오늘의 베트남이나 타이, 캄보디아 등 동남아시아 나라들과도 여러 가지 교류관계를 맺고 있었다.

당시 주요 교역품이었던 청동거울에 새겨진 배

고려시대 주요 교역품인 청동
거울에 새겨진 배 모양

모양은 해상무역이 번창했음을 보여주고 있으며, "고려는 문화와 예악이 융성하고 상선들이 끊임없이 출입하여 날마다 귀중한 보화가 항구로 들어오니 중국으로부터는 도움받을 것이 없다"라고 한 11대 문종(文宗) 12년(1058)의 『고려사절요』 기록은 고려의 당당한 자신감과 활기찬 기상을 말해주고 있다. 고려인들은 자신들의 왕을 '해동천자(海東天子)', 즉 중국의 천자와 대등한 동방의 천자라고 불렀으며, 중국의 사신에 대해서도 다른 나라의 사신과 마찬가지로 사대(事大)의 예가 아닌 보통 '손님의 예'로 맞이했다. 이렇게 자기중심의 자주적 천하관을 지녔기에 고려는 동방 일각에서 세계를 향한 선진해양 강국답게 중세의 지평선 위에 우뚝 설 수 있었다. 이것은 의미심장한 역사의 교훈이다.

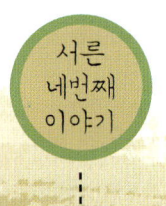

융합문화의 수작
고려청자

우리 겨레의 문화유산 가운데서 세계적인 자랑거리를 들라면 으레 고려청자가 빠질 수 없다. 왜냐하면 고려청자야말로 우리나라를 세계 도자기사의 선구로 자리매김하게 한 독창적인 문화유산이며, 우리 선조들이 창조한 세계적 수준의 자랑스러운 예술품이기 때문이다. 이것은 결코 우리들의 자화자찬이 아니고 유수의 전문가들이 이구동성으로 평가하는 바다. 지난 세기 초 일본에 가 동판화를 공부하

다가 조선도자기에 매료되어 도예가의 길로 전향한 영국의 세계적 도예이론가인 버나드 리치(Bernard Leach)는 백자에 엷게 비치는 청색을 보고 "이 색을 낸다면 사람들을 얼마나 행복하게 할 수 있을까!"라고 두 손으로 머리를 감싸면서 감탄했다고 하며, 영국의 한 박물관 도자기 부장인 허니(W. B. Honey)는 『중국 및 극동 각국의 도자기』(1945)란 저서에서 "최상급의 한국도자기는 세계 도자기 중에서 가장 우아하고 진실하며 도자기가 가지는 모든 장점을 구비하고 있으니, 그것은 행복한 민족의 소산임을 첫눈에 말해주고 있다"고 격찬을 아끼지 않는다.

　청자를 비롯한 도자기의 원조는 자기들의 나라라고 자부하는 중국 사람들조차도 고려청자 앞에서는 다소곳해지고 만다. 고려청자가 한창 전성기를 누리고 있을 때인 1123년에 고려에 온 송나라 사신 서긍(徐兢)은 고려사람들은 도자기 중 색이 푸른 것(즉 청자)을 비색(翡色)

이라고 부르는데, 솜씨가 뛰어나고 색깔이 더욱 좋아졌다고 하면서, 차마 낫다는 말은 못하고 당시 송나라에서 새로 나온 여요(汝窯)의 청자와 '비슷하다'고만 말한다. 그러나 같은 송대 사람인 태평노인(太平老人)은 『수중금(袖中錦)』이란 책자에서 「천하제일론(天下第一論)」이란 글을 쓰면서 천하의 제일가는 것을 쭉 열거하는 가운데 "고려 비색(즉 청자)이 천하제일이다"라고 사실을 실토하고 만다. 고려청자를 비롯한 우리나라의 도자기에 얼마나 매료되었으면 평생을 그 연구에 바친 외국 도예인들도 있다. 그런가 하면 일본의 다니 슌제이(谷俊成) 같은 사람은 고려청자의 국제적 성가를 등에 업고 자기가 고려청자를 복원했다면서 10년간이나 고려청자 전문가로 사기극을 벌이기도 했다. 이에 앞서 일본 총독 이또오 히로부미(伊藤博文)는 고려청자 장물아비로 유명했다. 그는 도굴꾼들을 시켜 고려청자를 파내서는 이 사람 저 사람에게 '선물'해 뇌물로 썼던 것이다. 일본 제실(帝室)미술관에 전시되어 있는 97점의 아름다운 고려청자는 바로 이 장물아비가 천황에게 바친 것으로 알려지고 있다.

이렇게 고려청자가 '천하제일'의 평판을 받게 된 것은 한마디로 그 독창성 때문이다. 그런데 알고 보면 이러한 독창성은, 중국청자의 영향을 무턱대고 그대로 받아들이지 않고 선조들이 이루어놓은 도자기 전통을 계승하면서 특유의 창의성을 발휘해 받아들인 결과다. 이를테면 문명교류에서 타 문명을 선택적으로 수용하여 자신의 전통문화를 가일층 발전·풍부화시키는 이른바 융합(融合)의 묘미를 살린 데서 비롯된 것이다. 우리 문화유산 중에는 이러한 융합물이 적지 않지만, 고려청자는 단연 그 수작으로 꼽힌다. 문명교류사에서 보면 융합성을 구현한 문명만이 선진의 반열에 올라 세계성을 인정받게 된다.

청자진사연화문 표주박모양 주전자 ● 높이 32.5cm / 13세기 / 국보 133호.

　원래 청자는 중국에서 처음으로 만들어졌다. 은(殷)나라 때부터 잿물, 즉 회유를 유약으로 하는 회유도(灰釉陶)가 만들어지기 시작했으며, 한대에는 이 회유도가 초기의 청자 형태로 발전했다. 7세기 초반 당나라 때부터는 비교적 세련된 청자가 나타나다가 9세기 후반에 이

청자칠보투각향로 ● 높이
15.3cm / 12세기 / 국보 95호.

르러서는 월주요(越州窯) 청자 같은 완벽한 청자가 등장한다. 우리나
라에서는 삼국시대부터 조공무역 등을 통해 앞서간 중국의 자기와 유
약이 수입되었으며, 9세기 후반부터는 강진과 부안을 비롯한 서남해
안 지역에서 청자가 만들어지기 시작했다. 이것은 9세기 청해진을 본
거지로 한 해상왕 장보고의 대중국 교역활동과 크게 관련되어 있다.

고려시대에 이르러서는 귀족문화의 개화와 더불어 불교의 선종(禪
宗)이 들어오면서 차(茶)문화가 성행하게 되자 차구(茶具) 소재로서

의 청자에 대한 수요가 급증한다. 그래서 청자로 만든 제기나 다완, 의식용기 등 다양한 청자그릇이 선을 보인다. 그러나 11세기 전반까지만 해도 조형미라든가 장식기법에서 중국의 영향에서 크게 벗어나지 못했으며, 청자는 아직 일부 용기로만 쓰였을 뿐 생활문화 전반에 뿌리내리지는 못했다. 고려청자가 '천하제일'의 명품으로 각광을 받게 된 것은 전성기인 12세기부터다. 이때부터 굽는 방법이나 모양, 무늬 등에 남아 있던 중국의 영향은 점차 사라지고 빛깔과 형태, 무늬에서 '고려적인' 것으로 승화되어 중국을 능가하는 독창적인 세련미와 완성도를 보여준다.

고려청자의 독창성은 우선 그 영롱한 빛깔에서 나타난다. 예로부터 동양사람들은 옥을 가장 신비스러운 보석으로 여겨왔기 때문에 어떻게 하면 청자도 파르스름한 옥색을 띠게 할 수 있을까 고심해왔다. 고심 끝에 중국사람들은 10세기경에 자신들이 만들어낸 청자 색깔이 옥색에 가까운 것으로 믿고 궁중에서만 사용되는 비밀스러운 색깔이란 뜻에서 '비색(秘色)'이라고 일컬었다. 그러나 그것은 그저 '비밀스러운 색깔'일 뿐, 참 옥색은 아니었나보다. 그래서 그들이 고려청자를 봤을 때, 이것이야말로 진짜 옥색이라고 해서 초록색 경옥을 가리키는 '비색(翡色)'이라고 불렀던 것이다. 사실 고려청자의 빛깔은 중국의 비색 같은 '색깔'이 아니라 아름다운 맵시와 빛깔을 조화시킨 문자 그대로의 '때깔'이다. 여기에 고려청자만이 지닌 빛깔의 오묘가 있다. 그래서 백운거사(白雲居士) 이규보(李奎報)는 청자인형연적을 앞에 놓고

가장 완벽한 형태미와 빛깔을 보여주는 12세기의 청자병 ●
높이 20.4cm / 일본 오오사까 시립동양도자미술관 소장.

작기도 하여라 푸른 옷 입은 동자

고운 살결 옥과 같구나.

⋯⋯너의 고마움을 무엇으로 갚을손가,

깨지지 않게 소중히 간직하리.

라고 청자에 대한 애틋한 정과 소중함을 읊조리고 있다.

　다음으로 고려청자의 독창성은 상감기법(象嵌技法)을 도입한 데 있다. 상감기법이란 금속이나 도자기 표면에 무늬를 파서 그 속에 금속이나 보석을 넣어 채우는 기법을 말한다. 원래 이 기법은 일찍이 이집트에서 발생한 후 중앙아시아와 중국을 거쳐 삼국시대에 이미 한반도에 전래되어 주로 금속이나 나전칠기에 장식줄을 박는 입사법(入絲法) 같은 공예기법으로 사용되어왔다. 외국의 경우도 마찬가지다. 그런데 이러한 공예기법을 청자의 제작기법으로 도입한 것은 고려가 유일하며, 따라서 그로 인해 고려 상감청자라는 다채롭고 장식적인 멋을 띤 독특한 청자가 만들어지게 되었다. 그 기법은 반건조된 그릇 표면에 무늬를 파고 초벌구이한 다음 팬 부분을 백토나 자토로 메우고 유약을 바른 뒤 다시 구워냄으로써 무늬가 유약을 거쳐 비쳐 보이도록 하는 것이다. 원래 청자는 유약의 유리질 때문에 무늬를 넣는 것이 대단히 어려웠다. 그래서 중국사람들은 할 수 없이 청자를 포기하고 청백자(靑白瓷)의 길을 찾게 되었다. 그러나 고려사람들은 힘들다고 걸어온 길을 버리지 않고 전래의 입사법에서 영감을 얻어 끝내 상감기법을 발명함으로써 으뜸 청자를 만들어낼 수가 있게 되었다. 고려인들의 뛰어난 슬기가 돋보이는 대목이다.

　이러한 상감기법 덕분으로 자기의 표면에 다양하고 아름다운 무늬

청자모자원숭이연적 ● 높이
9.8cm / 12세기 / 국보 270호.

를 새겨 넣은 것은 고려청자만이 지닌 또 하나의 특색이다. 일반적으로 제품의 무늬는 제작자와 수요자들의 사상·감정과 문화적 취향을 반영하는 것이다. 그리하여 고려청자는 반복적인 기하학적 무늬인 연꽃무늬, 국화무늬, 당초무늬, 보상화(寶相華)무늬, 초화(草花)무늬 등과 더불어 서정적이고 낭만적이며 청빈한 삶을 염원하는 마음이 깃든 운학(雲鶴)무늬, 포도무늬 등 실로 다양한 무늬세계를 펼쳐 당시 고려인들의 생활상을 폭넓고 생생하게 전해주고 있을 뿐만 아니라, 그들이 지니고 있는 심미의식도 그대로 보여주고 있다. 무늬를 배치하는 방식도 조형적으로 대단히 세련되었다. 예컨대 찻잔의 경우 그릇 안쪽을 당초무늬로 가득 채우면 바깥쪽에는 국화무늬를 사방으로 돌림으로써 그 조화로움을 한눈에 안겨준다. 무늬 가운데 연꽃무늬나 당초무늬, 포도무늬 같은 것은 원래 서역에서 들어온 것들로서 우리의 장식무늬 속에 남아 있는 전형적인 융합문화다.

이와 함께 고려청자는 그 형태에서 아름답고 균형 잡힌 조형미를 실감케 한다. 청자가 갖는 특유의 질감이나 미감뿐 아니라 그 모양도 예술적이고 실로 다양하다. 찻잔과 술병을 비롯해 음식용기가 가장 많지만, 그 외에도 제기나 등잔, 베개, 향로, 벼루, 연적 등의 일상생활용품, 심지어 기와나 타일 같은 건축자재나 주거용품도 들어 있다. 원숭이 모자의 사랑을 재미있게 묘사한 연적은 조형미가 넘치는 예술작품의 일례다.

이러한 독창성과 특색을 반영하여 제품

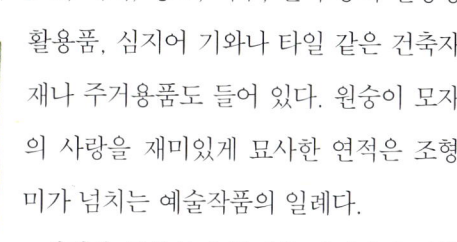

청자상감모란운학문베개 ● 길이 23.3cm / 12세기.

청자상감운학문매병 ● 높이
42cm / 13세기 / 국보 68호.

의 명칭이 지어졌다는 것도 남다른 일이다. 예컨대 '청자상감운학문
매병'이나 '청자양각대마디문병' 같은 제품의 이름에서 보다시피, 복
합적으로 이루어진 명칭은 먼저 재질(청자)을 구분한 다음 장식기법
(상감, 양각)과 무늬(운학문, 대마디문)를 알리고 나서 마지막으로 기형(매

병, 병)을 식별한다.

이러한 고려청자는 그 전승에서도 고려만의 독특성이 보인다. 오늘날 우리에게 남아 있는 고려청자는 대부분이 무덤에서 나온 것이다. 우리네 고려 조상들은 귀천에 따라 구분은 있었지만, 저승 갈 적에

청자그릇 하나쯤은 꼭 무덤 속으로 가져가는 풍습이 있었다. 그래서 오늘날까지 그 숱한 고려청자가 선을 보이고 있는 것이다.

고려청자는 시대를 넘기면서 조선시대의 분청사기(粉靑沙器)와 백자(白磁)로 그 맥을 넘겨주었고 덕분에 적어도 17세기까지는 세상에서 자기를 만들어 쓰는 나라는 우리와 중국뿐이었다. 그것도 우리는 여러 면에서 중국을 앞섰다. 이렇듯 문명 간의 융합성을 최상의 수준에서 구현한 고려청자는 '꼬레아'의 상징으로, '미스 고려'의 화신으로 우리 문화사뿐만 아니라 세계 도자사를 빛나게 수놓고 있다.

'활자의 길'을 찾아서

인류의 문명화에 획기적 기여를 한 인쇄술은 크게 단순(單純)인쇄와
조판(組版)인쇄라는 두 단계를 거쳐 오늘의 기계적 단계로 발달해왔
다. 기원전 3000년경 메소포타미아에서 출현한 인장(印章)은 단순인
쇄의 시발이자 인쇄술의 효시라고 할 수 있다. 간단한 날인(捺印)이
나 탁본 같은 고대 단순인쇄술이 중세에 이르러서는 나무판이나 금
속판에 글자를 새겨 찍어내는 조판인쇄로 이어졌는데, 여기에는 목

메소포타미아에서 출토된 소 그림의 인장 • 기원전 3500~3100년.

판인쇄와 활자인쇄의 두 가지 유형이 있다. 목판인쇄는 나무판에 새긴 글자에 먹물을 칠한 다음 종이로 찍어내는 인쇄이며, 활자인쇄는 여러 가지 소재로 새겨 만든 글자로 활판을 만들어 찍어내는 인쇄다. 이러한 활자로는 나무활자와 일명 교니활자(膠泥活字)라고 하는 진흙활자, 금속활자 등이 있다.

　문명사에서 필수품이었던 책을 찍어내기 위해 출현한 조판인쇄 중에서, 목판인쇄는 제작과정이 길고 많은 경비가 소요되며 판목도 마멸되기 때문에 다량의 책을 찍어낼 수 없다. 그래서 고안해낸 것이 활자인쇄인데, 활자인쇄 가운데서도 나무활자나 진흙활자는 목판인쇄의 단점을 크게 벗어날 수가 없다. 오로지 금속활자인쇄만이 목판인쇄의 단점을 보완해 책을 신속하게 다량으로 찍어낼 수가 있다. 그래서 금속활자의 도입은 인쇄술에서의 일대 혁명일 뿐만 아니라, 문명사에 하나의 획을 긋는 대사건으로 평가되고 있다. 미국의 『라이프』지가 지난 1,000년 동안의 최대사건으로 금속활자의 발명을 꼽은 것은 바로 이 때문이다.

　금속활자의 도입을 비롯해 인쇄사 전반을 이해하는 데서 간과할 수 없는 문제의 하나는 인쇄술이 이른바 중국의 4대 발명품의 하나라고 하는 통념의 허구성이다. 물론 인쇄술에서 중국이 앞선 분야가 없지는 않다. 11세기 전반에 필승(畢昇)이 비금속활자인 진흙활자(실용되지는 못함)를 만들고, 12세기 후반에 나무활자를 제작한 것 등 활자를 처음 창안한 게 중국이고, 몽골군의 3차 서정과 원제국의 대서방 교류, 그리고 13세기 중엽부터 시작된 유럽인들의 내왕 등을 통해 목판인쇄술을 서방에 전파해 서방의 인쇄술 발전에 일정한 기여를 한 것도 사실이다. 그러나 최초의 인쇄술은 그 첫 단계인 단순인쇄 단계에서 출현한 날인인바 그 시원은 중국이 아니라 5,000년 전의 메소포타미아이며, 인쇄술의 꽃이라고 하는 금속활자의 도입에서는 우리에게 뒤지고 있다. 목판인쇄의 경우에도 중국사람들은 자존심을 걸고 1966년 불국사 석가탑에서 발견된 『무구정광대다라니경(無垢淨光大陀羅尼經)』(약칭『무구정경』)이 세계에서 가장 오래된 목판인쇄본이라는 사실을 극구 부정하면서 신빙성도 별로 없는 몇몇 목판인쇄본 유물을 들고 나와 우리보다 앞섰다고 강변에 가까운 주장을 하고 있다. 이러한 점들을 감안할 때, 인쇄술이 중국의 발명품이라고 하는 통념은 이제 깨져야 할 것이다.

각종 금속활자 ● 17~19세기.

작금 목판인쇄의 시원을 놓고 우리와 중국이 갑론을박의 격론을 벌이고 있다. 우리는 이 『무구정경』이 현존하는 세계 최고(最古)의 목판인쇄본이라고 주장하나, 중국 측은 이를 전면 부정한다. 독일 마인츠시의 구텐베르크 박물관 특별전시실에는 이 경전이 두 벌 전시되어 있다. 하나는 이 경이 "한국에서 간행된, 현존하는 세계 최고의 인쇄도서"란 소개문으로 '한국관'에 전시되고 있다. 다른 하나는 '중국관'에 있는

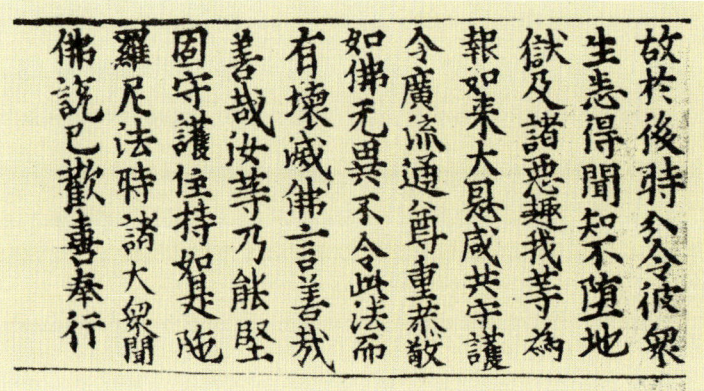

데 그 소개문은 "중국에서 인쇄된 현존 세계 최고의 조판인쇄품(목판 인쇄물)"이라며 중국 측 주장을 그대로 따르고 있다. 같은 인쇄물을 놓고 서로 전혀 다른 해석이다. 중국 학자들은 이 경이 701년 중국에서 번역되고 다음 해 뤄양(洛陽)에서 인쇄된 후 702~704년 사이에 신라로 전래되어 706년 탑에 안치되었다고 주장한다. 또한 목판 판각의 저본을 필사할 수 있는 얇은 종이를 당시 신라에서는 만들어내지 못했다는 '근거'도 제시한다. 그러면서 범정부적 차원에서 '특별전문대책반'을 조직해 '인쇄술의 발명권 수호'를 위한 임전태세를 갖추고 있다. 아직까지는 양보의 기미가 전혀 보이지 않고 있다.

그러나 그들이 증거로 이 『무구정경』보다 50년 앞선 인쇄본이라고 주장하는 밀교 계통의 『범문다라니주(梵文多羅尼註)』는 7세기가 아니라 9세기 이후에 인쇄된 것이다. 그리고 이 경은 신라 석탑의 소형 사리함에 맞추어 인쇄한 소형 두루마리(보통 사경 크기의 20%에 불과)로서 10세기 이전의 중국에서는 이러한 소형 사경이 아직 출현하지 않았다. 또한 저본의 종이는 중국 전통의 가둠뜨기가 아니라 신라의 밀을 이용한 높은 흘림뜨기 종이이며, 서법에서도 중국 전통서법과는 다른 신라비문의 서법을 좇고 있다. 그래서 13세기의 중국 학자 왕정(王禎, 1260~1330)은 『농서(農書)』에서 중국 인쇄술의 발전단계를 설명하면서 그 첫 단계인 5조 시대(10세기)는 목판인쇄기라고 지적하고 있다. 이 몇 가지 사실만으로도 『무구정경』에 앞선 중국의 목판인쇄물은 존재하지 않았음을 알 수 있으며, 따라서 이 경은 신라에서 인쇄된 것이 분명하다고 말할 수 있다.

인쇄사에 대한 이러한 재인식 속에서만 우리의 인쇄문화를 제대로 복원할 수 있다. 그간 우리의 인쇄문화는 번잡한 중국의 거대 인쇄문화가 던진 그늘에 가려 빛을 제대로 발하지 못했다. 4년 전 『직지심경』이 유네스코의 세계기록유산에 등재될 때까지 서구사람들은 우리가 세계 최고의 금속활자 보유국이라는 사실을 모르고 있었으며, 지난 1,000년 동안의 최대사건으로 금속활자의 발명이 꼽힐 때도 그 발명자는 우리가 아니라 독일의 구텐베르크로 꾸며졌다. 세계 최고의 목판인쇄본과 금속활자본을 함께 보유하고 있는 우리

2001년 유네스코의 『직지』 '세계기록유산' 등재 인증서 ● 청주고인쇄박물관 소장.

나라는 인쇄문화에 관한 한 그 누구에게도 뒤지지 않는다. 우리가 인쇄문화의 당당한 창도자라고 한들, 여기엔 하등의 하자가 없다.

이러한 민족적 자부의 바탕에는 당연히 고려의 금속활자가 자리하고 있다. 그런데 그 독창성과 세계성, 그리고 문명교류사적 의미를 갈파하기 위해서는 비교문명사적 고찰과 그 전파상을 밝혀내는 것이 중요하다. 기록에 의하면, 일찍이 고려인들은 발달된 금속주조기술에 기초하여 13세기 초에 이미 금속활자로 『상정고금예문(詳定古今禮文)』 같은 책을 찍어냈다. 그러다가 고승 백운화상(白雲和尙)의 시

1377년 『직지』를 찍어낸 청주 흥덕사 금당

©윤동진

자 석찬(釋璨)과 달잠(達湛)이 스승의 가르침을 널리 펴기 위해 비구니 묘덕(妙德)의 시주를 받아 화상이 입적한 지 3년이 지난 1377년 7월 청주 흥덕사(興德寺)에서 금속활자로 선종의 요체를 초록한 『백운화상초록불조직지심체요절(白雲和尙抄錄佛祖直指心體要節)』(일명 『불조직지심체요절』 『직지심체』 『직지심경』 『직지』 『심요』)을 간행했다. 그 목판본으로는 여주 취암사본(鷲嚴寺本)이 있으며, 사본으로는 흥덕사본과 취암사본 2종이 있다. 현재 프랑스 빠리 국립도서관에 소장되어 있는 『직지심경』은 흥덕사본인데, 20세기 초 10년간이나 서울주재 프랑스 공사로 있던 꼴랭 드 쁠랑시(Collin de Plancy)가 수집한 것을 1911년에 한 보석상이 경매장에서 180프랑을 주고 구입해 소장하고 있다가 1950년경에 이 도서관에 기증한 것이다. 이 진서 중의 진서가 제2의 탄생을 보게 된 계기는 1972년 유네스코가 지정한 '세계 책의 해'를 맞아 이 도서관에서 개최한 '책' 전시회인데, 이때 이 진서가 유럽사람들에게 처음 알려졌다. 구텐베르크가 세상에서 처음으로 금속활자를 만든 줄로만 알고 있던 유럽사람들은 깜짝 놀랐다. 그 밖에 고려 금속활자의 실물로는 남·북한 박물관에 각각 '복' 자와 '전' 자가 하나씩 소장되어 있다.

세계에서 활자인쇄를 최초로 시도한 것은 중국사람들이나, 여러 가지 시행착오를 겪는 통에 금속활자로의 발달은 우리나라나 독일에 비해 뒤처졌다. 필승이 고안한 진흙활자는 재료가 찰흙이고 조판용 접착성 물질이 종이를 태운 재를 송진에 섞어 만든 것이어서 응고력이 약해 실패로 돌아가고 말았다. 그 뒤 원나라 초에 요추(姚樞)가 송

『직지』 활판(복제품)

고려의 금속활자 중 '복(復)' 자

ⓒ 안홍범

진에 기름을 섞어 접착성 물질을 만들어봤으나 역시 응고력이 약해 여의치 않았다. 그러다가 가까스로 좀 길게 만든 활자 끝에 구멍을 뚫어 철사로 꿰어 고정하는 주석활자(鑄錫活字)를 시도했는데, 먹물이 잘 묻지 않는 데다가 인쇄할 때 활자가 잘 부서지는 바람에 이 시도도 결국 포기하고 말았다. 중국에서 금속활자인쇄에 실제로 성공한 것은 15세기 말엽 명나라 때다. 우리의 『직지』보다 한 세기나 뒤에 나온 인본들을 보면 활자의 주조나 조판 기술은 우리 것과 비교가 안 될 정도로 허술하다.

한편 고려 최초의 금속활자보다는 200여 년, 『직지』보다는 70여 년 뒤에 나온 독일의 구텐베르크 금속활자를 살펴보면, 주물재료로 납 합금을 선택했다든가, 구식도구 대신 나사식 압인장치(프레스)를 개발했다든가, 특수한 유성잉크를 사용했다든가 한 것은 창의성이 돋보이는 선진 인쇄술임에는 틀림이 없다. 그리고 긴 입방체로 만든 활자에 작은 구멍을 뚫어 철사로 끼워 고정하는 기법은 중국 원대의 주석활자를 본받은 것이라고 중국 학자들은 주장한다. 한마디로, 구텐베르크의 인쇄술은 조선 세종 때에 완성한 완전조립식 활자인 '갑인자(甲寅字)'의 인쇄술과 수준이 엇비슷하다는 것이 전문가들의 판단이다. 따라서 구텐베르크의 금속활자 인쇄는 문명사에서 큰 업적이기는 하지만 분명 '발명'은 아니며, 선행 인쇄술에 대한 창조적 '전승'으로 봐야 할 것이다.

그렇다면 전승된 그 선행 인쇄술은 과연 어디의 누구의 것이었을까? 금속활자인쇄의 비조격인 우리로서는 누구보다도 더 절실히 사색을 모아야 할 대목이다. 왜냐하면 물이 높은 데서 낮은 데로 흐르듯이, 문명은 모방성이란 속성으로 인해 선진으로부터 후진으로 이전되게 마련이기 때문이다. 일찍이 미국의 저명한 인쇄문화연구가 카터(T. F. Carter)는 고려 말과 조선 초 무렵에 "한국은 인쇄술에서 세계를 선도하고 금속활자의 사용을 고도로 발전"시켜 중국에 '역수출'까지 했다고 지적하면서, 활자인쇄가 고려로부터 유럽에 전해졌을 개연성은 있으나, 그 '확실한 증거'는 아직 발견되지 않고 있다고 했다. 오늘의 사정도 크게 다를 바 없다. 그러나 퍽 의미 있는 지적이다.

그렇지만 구텐베르크의 '발명'과정을 곰곰이 훑어보면, '발명'이라기보다는 어딘가로부터, 특히 우리로부터 전승되었을 개연성이 짙게 감지된다. 고려인들이 200여 년(13세기 초~1434년의 '갑인자')이나 걸려 완성한 금속활자인쇄를 구텐베르크는 불과 10년 동안(1440~1450)에 이루어냈다고 한다. 7년에 한 번씩 열리는 성지순례를 위해 기념품이나 만드는 금속세공사로서 활자제작 경험은 물론, 목판인쇄도 해보지 못한 그가 이렇게

1455년 구텐베르크가 제작한 서양 최초의 금속활자 인쇄본인 『42행 성서』

단시일 내에 당시로서는 상당히 높은 기술수준을 요하는 금속활자를 단숨에 만들어낼 수 있었을까 하는 의문의 여지가 크다. 역설적으로 이것은 그가 금속활자인쇄술을 새로 개발한 것이 아니라, 어디로부턴가 진수받았다는 것을 시사하는 것이다. 그즈음 중국은 진흙활자니 주석활자니 하는 미로 속을 헤매면서 아직은 제대로 금속활자를 만들어내지 못하던 형편이었다. 유일한 제작국은 고려였다. 그렇다면 고려로부터 전수된 것은 아니었을까?

아직은 연구의 미흡으로 고려가 유일한 금속활자 제작국이라는 사실 말고는 이렇다 할 실증자료를 제시할 수가 없으나, 개연성 있는 방증자료 몇 가지는 상정할 수 있다. 고려 말부터 조선 초까지 회회인(回回人)을 비롯한 색목인(色目人)*들이 고려와 조선에 자주 내왕하고 정착까지 했으며, 고려와 밀접한 관계에 있던 거란(요나라)이 서천하고, 여진이나 중국(명대)은 사신을 중앙아시아의 통일제국 티무르제국의 수도 사마르칸트까지 파견했다. 일찍이 7세기 중엽에 고구려사신이 찾아간 사마르칸트는 동서방 물산의 집산지로서 러시아를 비롯한 유럽상인들이 이곳에서 구입한 동방 물품들을 독일 라인강을 통해 구텐베르크가 처음 인쇄술에 도전한 스트라스부르크나 첫 인쇄물을 간행한 마인츠 같은 연안도시로 운반해갔다. 고려금속활자가 전성기를 맞은 14세기 말부터 15세기 전반까지의 기간에 전개된 이러한 여러 계기를 통해, 이 새로운 인쇄술이 직·간접적으로 독일에 알려졌을 수 있었을 것이다.* 그 알려졌을 법한 길을 '활자의 길'이라 이름해본다. 이 길이야말로 고려금속활자인쇄술이 서구에 전해지는 문명교류의 한 통로였을 것이다.

한 방송사가 이 '활자의 길'을 찾으려고 몇 년 동안 가상한 노력을

● 중국 원대에 유럽이나 서아시아, 중앙아시아에서 온 외국인.

기울였으며, 학계의 관심도 엿보였다. 그러나 우리의 연구가 아직은 80년 전에 카터가 지적한 개연성의 범위를 크게 벗어나지 못해 개탄스러우나, 결국 그 길은 찾게 될 것이다.

*2005년 5월 19일 서울 신라호텔에서 열린 '서울 디지털 포럼──세계 정보기술 정상회의'에 참석한 미국 전 부통령 고어(Albert Gore)는 기조연설에서 "한국의 유비쿼터스는 금속인쇄술에 이어 세계가 한국에 두번째로 큰 신세를 지는, 커뮤니케이션 부문의 큰 성과"라고 하면서 "독일의 구텐베르크가 만든 금속인쇄술은 한국에서 건너온 기술에서 비롯된 것"이라고 말했다.

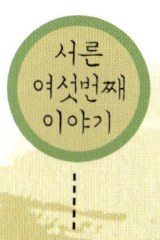

서른
여섯번째
이야기

고려문화의 금자탑
『팔만대장경』

국가의 '대업'은 반드시 불교의 가호에 의지해야 한다는 태조 왕건의
유훈에서 보다시피, 고려에서 불교는 건국이념이면서 국교인 동시에
고려인들의 정신적 지주였다. 왕건이 남긴 10가지 유훈 중에는 이것
말고도 사찰의 난발을 막고, 연등회와 팔관회 같은 불사를 이행하라
는 등 불교 관련 유훈이 3가지나 들어 있다. 그의 유훈대로 고려는 승
과(僧科)를 설치해 승려늘에게도 출세의 기회를 부여하고, 국사(國

師)와 왕사(王師)를 두어 나라와 왕을 보좌케 하며, 아들이 셋이면 하나는 출가하도록 하는 등 파격적인 승려 장려책을 폈다. 또한 수도 개경에서는 승려들이 세 길로 나누어 『반야경(般若經)』을 송독하며 시가를 행진하는 이른바 '경행(經行)'을 행했는가 하면, 지방에서도 집단적으로 모여 경을 연찬하는 '전경회(轉經會)'가 성행했다. 그리하여 선문구산(禪門九山)이 이루어지고, 도선(道詵), 의천(義天), 지눌(知訥), 보우(普愚) 같은 대덕고승들이 배출되어 고려불교를 대성시켰으며, 왕성에 불찰이 70군데나 있으리만치 불교가 흥성했다.

이렇게 고려에 이르러 불교는 미증유의 번영기를 맞이했는데, 그 구심점은 인류 공동문화유산 중 하나인 불교문화의 진작이었으며, 그 결과를 집대성한 것이 바로 『고려대장경(高麗大藏經)』이다. 대장경(大藏經)이란 '3개의 광주리'라는 뜻의 산스크리트어 '트리피타카' (Tripitaka)를 번역한 말로서 '삼장경' 혹은 '일체경'이라고도 한다. 여기에는 부처의 가르침인 '경장(經藏)'과 불자나 교단이 지켜야 할 계율인 '율장(律藏)', 그리고 '경장'과 '율장'에 관한 다양한 해석인 '논장(論藏)'의 3가지 내용이 포함된다. 처음에는 인도에서 불전을 나뭇잎에 새겼기 때문에 일괄해서 '패엽경(貝葉經)'이라고 불러오다가 경장과 율장, 논장을 3개의 광주리에 나누어 보관했다는 데서 '대장경'이란 이름이 유래되었다. 이러한 불전을 영구보존하기 위해 중국 송나라를 비롯한 동양 각국에서는 경문을 나무에 판각하기 시작했는데, 그 종류가 20여 종에 이른다. 그 가운데 가장 방대하고도 완벽한 것이 바로 『고려대장경』이다.

고려는 일찍부터 불력을 빌려 국난을 타개하려는 발원과 자주적 문화강국으로서의 체통을 세우기 위해 대장경을 나무판에 새겨 보관하

거나 책으로 펴내기 시작했다. 거란이 내침하자 현종 때인 1011년부터 선종 때인 1087년까지 77년간이나 대구 부인사(符仁寺)에 도감을 두고 송나라판과 거란판의 대장경을 참조해 6,000여 권의 경판에 돌을새김한 『초조대장경(初雕大藏經)』을 만들어냈다. 이 대장경의 원력으로 거란군이 스스로 물러갔다고 전한다. 그 후 대각국사 의천이 송나라에서 가져온 장서 등을 보충해 26년간(1073~1099)의 노력을 경주한 끝에 1,010부, 4,740여 권에 이르는 증보판인 『속장경(續藏經)』을 재간했다. 이렇게 일차적으로 완성된 대장경의 경판은 부인사에 옮겨져 소장되어오다가 1232년 몽골군의 침입으로 대부분 소실되

경판을 인쇄하는 모습

었으며, 극히 일부만 일본과 국내 몇 곳에 흩어져 있다. 1236년 몽골군의 재침을 당한 고려조는 역시 대장경의 원력을 발원하는 뜻에서 파천한 임시수도 강화에 대장도감을 설치하고 처절한 전란 속에서 1251년까지 16년간 『재조(再雕)대장경』(다시 판각한 대장경)의 간행에 성공했다. 이 『재조대장경』은 원래 강화도성 서문 밖의 대장경판당에 소장되어 있다가 조선조 초기에 개경 서대문 밖 지천사(支天寺)를 거쳐 오늘의 해인사(海印寺) 경내에 있는 신비의 장경판전(藏經版殿, 국보 52호)으로 옮겨졌다.

천자문 순서로 불전을 새겨놓은 이 대장경의 경판 수는 81,340판

이며, 이것이 안팎으로 새겨져서 약 16만 쪽을 이루고 있다. 그래서 8만여 판에 84,000가지 번뇌에 해당하는 법문이 실려 있다고 하여 흔히 『팔만대장경』이라고도 한다. 경판의 양끝에는 각목을 붙여 판이

© 윤동진

뒤틀리지 않도록 하고 네 귀퉁이에는 동으로 장식을 달았으며 벌레와 습기를 막기 위해 판 위에는 가볍게 옻칠을 했다. 경판의 길이는 68~78cm이고, 폭은 약 24cm, 두께는 2.7~3.3cm, 무게는 3~3.5kg 정도이다. 한 면에 23행, 한 행에 14자로 앞뒤 양면에 644자이니, 전체 글자 수는 줄잡아 5,200만 자를 헤아린다.

경판은 목판인쇄용으로서 그 재질에 관해 이때까지는 대체로 자작나무로 알고 있었는데, 최근 한 임산공학 전문가의 연구에 의하면, 장미과에 속하는 산벚나무류가 과반수로 가장 많고, 북부 고산지대에서 자라는 자작나무는 1할에도 미치지 못힌다는 것이 밝혀졌다. 그 밖에도 몇 가지 나무가 쓰였다. 물관이 골고루 흩어져 있어 수분함유율을 일정하게 유지해 조각과 보관에 유리한 산벚나무류를 택한 점, 여러 가지 과학적인 공정을 거쳐 경판을 준비한 과정은 고려인들의 슬기를 여실히 보여주는 대목이다. 나무를 베어 3년 동안 바닷물에 담가 나무의 진을 빼고, 판자 내의 수분분포를 균일하게 하며 나뭇결을 부드럽게 하기 위해 소금물에 다시 삶았다가 그늘에 말린 후 경판을 만들었다. 그래서 750여 년 세월이 지난 지금까지도 경판이 썩거나 좀이 갉아먹는 일이 없으며, 경판의 모양이 변함없이 원형 그대로를 유지하고 있는 것은 실로 놀라운 일이다.

그리고 글자를 새기는 과정은 그야말로 지성(至誠)의 발현 그 자체다. '1자 1배', 즉 글자 한 자를 새길 때마다 한 번씩 절을 하면서 열과 성을 다했기에 그 천문학적 숫자에 달하는 각자(刻字)에 오자나 탈자가 거의 없다고 하니, 이것은 세계 인쇄사에 전무후무한 기적이라 아니할 수 없다. 각자공 한 사람이 하루 평균 40자를 새긴다고 하면, 각자에만도 연인원 130만 명이 동원된 셈이다. 그 밖에 필사공, 목공, 칠공, 운반부, 교정사, 기도승 등의 인력도 매일 200명 이상이 함께했으니, 판각을 완성하는 데는 연인원 약 250만 명이 참여한 것으로 추산된다. 한 장의 무게를 3킬로그램씩만 잡아도 240톤이나 되는 경판 전체를 지천사에서 해인사로 옮기는 데만 꼬박 2년이 걸렸다고 한다.

흔히들 이러한 가관의 사실들을 들어 『팔만대장경』을 고려불교의 '꽃'이니, 불전의 '총서'니 하고 높이 평가한다. 정평일 수 있다. 그러나 역경 속에서 국운을 건 방대하고도 장기적인 거국적 대역사임을 감안할 때, '고려문화의 금자탑'이라고 일컬어도 별 부풀림이 없을 성싶다. 원래 '금자탑'이란 말은 이집트에서 가장 큰 피라미드가 한문의 '금(金)' 자와 모양새가 비슷하다는 데서 유래한 말이나, 그 참뜻은 튼실한 기초 위에서 쌓아올린 불멸의 업적과 최상의 보람이란 것이다. 물론 고려청자나 금속활자도 대장경에 못지않은 업적과 보람으로 간주되지만, 그 완성과정이 주는 의미는 좀 다르다. 2.5톤짜리 돌 230만 개를 30년 동안 40층 빌딩 높이로 한 치의 오차도 없이 차곡차곡 쌓아 올린 피라미드의 그 놀라운 정확성과 내실성, 지구력이 바로 『팔만대장경』의 판각과정과 그 결과에 그대로 투영되고 갈무리되어 있다. 물론 한 명의 파라오(왕)를 위해 노예들을 동원해 만든 피라미드보다 더 의미가 각별함은 말할 것도 없다. 이 대장경은 주변의 여러 나라에 산재했던 각종 대장경본을 가져다가 꼼꼼히 교감하고 하나하나 수정·보완하면서 1011년 초조를 시작한 때부터 1251년 재조를 완성할 때까지 무려 240년이란 긴 세월을 두고 세계 인쇄사상 유례없는 대역사를 마무리했던 것이다. 그래서 피라미드가 세계 7대 불가사의 가운데서 유일한 생존자인 것처럼, 『팔만대장경』도 가장 완벽한 대장경으로 지금까지 남아 있게 되었다. 1995년 유네스코가 해인사 장경판전을 '세계문화유산'(제737호)으로 등재함으로써 인류의 공동유산임이 다시 확인되었다.

어려운 국난기를 포함해 장기간에 걸친 거국적 대사업으로 완성된 『팔만대장경』은 고려인들의 드높은 자주의식과 문화수준, 그리고 역동적인 개방성을 여실히 보여주고 있다. 대장경의 간행과 때를 같이해 우리 역사의 출발점을 고조선으로 삼고 단군을 겨레의 시조로 인식하게 함으로써 민족자주의식을 고취한 『삼국유사』와 『제왕운기(帝王韻紀)』 같은 책들이 속속 출간되었으며, 목판인쇄에 이어 세계에서 처음으로 금속활자가 발명되었다. 이러한 고려인들의 숭고한 정신세계와 문화적 창조력, 그리고 국난을 극복하면서 국가대계의 금자탑을 한층한층 쌓아가는 견인불발의 의지와 끈기가 있었기에 『팔만대장경』이란 대역사는 비로소 완공이 가능했으며, 독보적인 존재로 타의 본보기가 될 수 있었다. 이것이 바로 금자탑의 귀감으로 『팔만대장경』이 우리에게 주는 역사적 교훈이다.

우리의 대장경을 저본으로 중국은 청나라 말엽에 와서야 『빈가정사장판(頻伽精舍藏板)』이란 장경을, 일본은 『축쇄장경(縮刷藏經)』이란 장경을 각각 만들어냈다. 뒤늦게 우리나라로부터 불교를 전해받은 일본은 끈질기게도 틈만 생기면 갖가지 술수로 우리의 『팔만대장경』 경판을 빼가려고 시도해왔다. 기록에 의하면 고려와 조선 시대에 일본은 여러 가지 구실을 붙여 83회나 우리의 대장경 인쇄를 요청했으며, 거절당하면 온갖 추태와 협박을 마다하지 않았다. 세종대왕 때는 요청이 거부되자 일본 사신이 3일간 항의 단식하는 희극이 벌어졌으며, 전함을 보내 약탈해가겠다는 엄포를 놓기도 했다. 임진왜란 때는 의병과 승병들이 해인사로 쳐들어오는 왜병들을 '왜구치'란 고개에서 막아 대장경을 지켜냈으며, 총독부 시절에는 대장경 전부를 훔쳐갈 계략까지 꾸미고 얄금얄금 몇 장씩 빼돌렸다. 사실 그동안 대장경과 그 소장지인 해인사는 형언할 수 없는 삼재팔난(三災八難, 불교에서 말하는 갖가지 재난)을 겪으면서도(7차례의 화재) 우리 겨레의 철석같은 수호정신과 대장경의 신력, 해인사의 불덕으로 말미암아 우리의 국보 32호인 『팔만대장경』을 온전히 지켜낼 수가 있었다.

다행스러운 것은 오늘도 우리가 선현들의 지혜를 이어받아 대장경의 맥을 꿋꿋이 이어가고 있다는 사실이다. 약 100명의 전문인력과

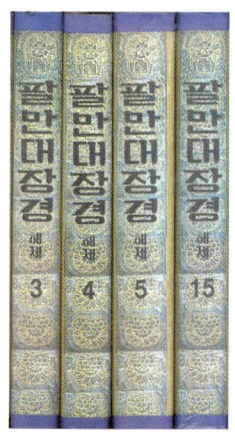

1991년 북한에서 출간한 『팔만대장경 해제』(위)

『팔만대장경』을 전산화한 CD (아래)

80억 원의 예산을 투입해 지난 2000년 대장경의 전산화작업을 9년 만에 완료했으며, 2004년부터는 200억 원의 예산이 드는 경문의 동판화작업에 착수했다. 천년 수명의 나무재질로 된 경판을 만년 수명의 동판재질로 갱신하는 또 한 번의 뜻있는 역사다. 이 복원사업에는 여러 종교단체가 물심양면의 힘을 보태기로 했다. 모두가 열린 마음으로 겨레의 유산을 빛내는 거사에 기꺼이 동참하고 있다. 어디 그뿐인가. 북한은 또 북한대로 1988년과 1991년 두 차례에 걸쳐『팔만대장경 해제』본을 출간했다. 소중한 문화유산을 아끼고 사랑하는 우리 겨레의 마음이야 누군들, 어딘들 다르랴.

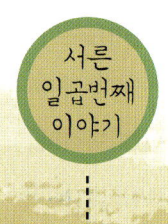

고려풍과 몽골풍

고려 500년사는 국권을 지키기 위해 주변국들과 화전(和戰) 양면의
교착관계를 유지하면서 다양한 교류를 펼쳐온 역동적인 과정이다.
특히 후반기에 와서는 강화도로 파천(播遷) 까지 하는 국난 속에서 ●임금이 도성을 떠나 난을 피함.
도 30년간(1231~1259) 몽골의 7차 내침을 막아내고, 근 100년간
(1259~1351)의 원 간섭기를 슬기롭게 타개함으로써 몽골중심 천하에서
유일하게 나라의 자주권을 지켜냈던 것이다. 복잡한 환경 속에서 전

개된 양국 간의 교류는 그 내용이나 형식이 실로 다양하여 문명교류의 전시장을 방불케 하며, 여기서 우리는 문명교류의 여러 본보기를 찾아보게 된다.

고려인들의 30년간에 걸친 항몽전쟁은 몽골인들로 하여금 고려는 '비록 작은 나라지만 수십 년 동안 공격했어도 복속시킬 수 없는' 강한 나라로서 더 이상의 전쟁은 무모하다는 것을 깨닫게 했으며, 고려 측으로서도 장기간의 전쟁으로 인한 피폐가 이만저만이 아니었다. 그리하여 양측 간에는 마침내 강화의 분위기가 조성되었다. 1259년 24대 원종(元宗)은 태자의 신분으로, 중국을 멸하고 원나라를 세운 세조(世祖) 쿠빌라이를 찾아갔다.

이 만남에서 고려 태자는 몽골이 고려의 풍속을 고치도록 강요하지 않겠다는 이른바 '불개토풍(不改土風)'이라는 약속을 받아낸다. 이 말은 단순히 풍속을 유지하는 데 그치지 않고, 그 풍속이 존재하는 고려의 왕실과 제도, 영토와 주민을 그대로 유지하는, 이를테면 고려 왕조의 존재를 인정하는 사대관계(事大關係)로 폭넓게 이해되었다. 중국 왕조로 군림한 원제국의 세조로서 쿠빌라이는 중국의 전통적 외교정책인 사대관계를 표방했던 것이었다. 그러나 '몽골천하'를 꿈꾸고 있는 원조로서는 일시적 타협에 불과한 이 강화 약속에 만족할 리가 만무했다. 그래서 약속의 여운이 채 가시기도 전에 원 측은 인질과 식량을 보내라느니, 군사지원을 하라느니, 호구조사 결과를 보고하라느니, 다루가치[達魯花赤]*를 설치하라느니 등 횡포한 요구를 잇달아 제기하면서 고려에 대한 간섭을 본격화했다.

이러한 난국을 타개하기 위해 원종의 아들인 충렬왕(忠烈王)은 비록 원 세조의 공주를 취한 부마(駙馬)의 신세가 되었지만 구국의 일

● 지방관아의 몽골인 장관.

원나라에 수출된 고려의 『대방
광불화엄경』

넘으로 1278년 쿠빌라이를 찾아갔다. 협상 끝에 원의 주둔군과 다루
가치를 철수시키고 조세징수의 권한을 돌려받는 등 몇 가지 국권회
복 사항에 합의함으로써 20년 전 원세조가 부왕에게 한 '불개토풍'의
약속과, 그 연장선상에서 고려의 존속을 보장받는 사대관계의 기조
를 재확인했다. 이렇게 원 세조 때 양국 간의 관계를 규제하기 위해
모색된 체제를 '세조구제(世祖舊制)'라고 한다. 이 '세조구제'는 향후
양국 간의 국가적 관계는 물론 교류관계에도 큰 영향을 미친다.

　일반적으로 군사적 정복과 정치적 경략이나 간섭은 일종의 강제적
행위이기 때문에 그로 인해 일어나는 교류는 대체로 일방적인 강요
에 의한 전통문화의 파괴나 동화(同化, assimilation) 같은 역기능적
접변(接變)을 낳는 것이 보통이다. 그러나 적어도 '불개토풍'이나 '세
조구제' 같은 사대관계의 기조를 대의명분으로 한 이상, 고려와 원나
라 간에는 역기능적 접변과 더불어 전통문화와 융합하는 순기능적

접변도 공존했다는 사실은 문명교류사에서 주목할 만한 사례다. 이것은 어디까지나 역학관계에서 한때나마 수동적인 입장에 설 수밖에 없었던 고려지만, 오히려 그것을 전화위복의 기회로 삼아 능동적으로 대처한 데서 비롯된 것이다. 첫 자주국가로서의 고려가 누린 성숙도를 보여주는 한 단면이다.

막강한 국력으로 끈질기게 간섭을 자행해온 원은 고려로부터 인삼을 비롯한 특수약재와 청자, 비단, 종이, 담비가죽, 사냥매 등 진귀품을 조공의 명목으로 억지로 요구하고, 해마다 양곡을 징발해갔다. 그런가 하면 세자들을 인질로 잡아놓고 세뇌교육을 시킬 뿐만 아니라, 세조의 딸을 비롯해 황실의 공주들을 고려왕의 왕후(모두 7명)로 삼게 하며, 왕들에까지도 몽골식 이름을 강요했다. 관직 이름에서도 부대를 '애마(愛馬, 아이막)', 역체관을 '탈탈화손(脫脫禾孫, 톡토하순)', 상관을 '나연(那演, 나잔)'이라고 하는 따위의 몽골식 직명이 난무했다.

양국 간의 인적 교류에서 특이한 것은 고려여자를 진공하는 이른바 '공녀(貢女)'다. 원 세조 쿠빌라이는 충렬왕에게 보내는 조서에서 고려와 원은 이제 한집안이 되었으니 서로 통혼해야 한다고 강변하면서 태조인 칭기즈 칸이 13개국을 정복했을 때는 그 나라들이 다투어 미녀들을 바쳤다며 은근히 양국 간의 통혼과 공녀를 종용했다. 정사에 기록된 것만도 간섭기 80년간 원으로부터 '처녀진공사신'이 50여 회나 고려에 와서 해마다 약 150명의 여자들을 징집해갔다고 한다. 그 밖에 수시로 뽑아간 여자는 부지기수다. 순결성과 정조관념이 유달리 강한 고려여인들에게 '공녀'는 참을 수 없는 치욕이었다. 징발 사신이 한 번 오면 나라가 "소란하여 닭과 개까지도 편안함을 얻지 못하고" 목매달아 죽는 자가 속출했다. '공녀'를 기피하기 위해 일찍 설혼하고 여자아이를 숨기는 등 난데없던 폐습이 창궐하기도 했다.

원에 끌려간 공녀는 대개 원의 황제나 황후, 황족의 궁인이나 시녀가 되었다. 원 말에는 궁중의 급사나 시녀는 그 태반이 고려여성으로 채워졌으며, 지방관까지도 고려여성을 처첩으로 거느렸다. 그러나 모든 공녀가 이러한 비운에 빠진 것만은 아니고, 개중에는 순제(順帝)의 정비가 된 기황후(奇皇后)처럼 일세를 풍미한 여걸도 있었다. 그래서 원나라 천지에 고려식 복식과 음식, 기물이 유행하게 되었는데, 이를 두고 '고려양(高麗樣)', 즉 '고려풍'이라고 했다. 물론 공녀들이 '고려풍'을 일으키는 데 한몫 한 것은 사실이지만, 원에 유입된 선진 고려문물도 그 선양에 중요한 일익을 담당했음을 잊어서는 안 된다.

원 세조는 고작 세금이나 거두고 시나 읊조리는 한인들보다 고려인들이 기술면에서 나을 뿐만 아니라 유학경서에도 능통하다고 찬사를 보내면서 '고려국유학제학사(高麗國留學提學司)'를 설치해 고려 유학을 전문 연구토록 했다. 충선왕은 원나라 수도에 '만권당(萬卷堂)'이란 학당을 열어 두 나라의 석학들이 만나 학문을 교류하는 장으로 만들었다. 원에 고려의 뛰어난 불전 사경본이 수출되고, 고려의 명의 설경성(薛景成)이 원 세조와 성종의 병을 고쳐주었으며, 고려 바둑고수들이 초빙된 사실들은 선진 고려문물의 전파를 말해준다.

이 '고려풍'에 대비해, 몽골의 여러 가지 이색풍속이 고려에 들어와 유행한 이른바 '몽골풍'도 그 기세가 만만치 않았다. '몽골풍'은 주로 복식과 음식, 언어 등 생활문화 영역에서 일어났으며, 그 여파는 오늘날까지도 미치고 있다. 흔히 우리나라 복

몽골에서 전래된 철릭(위)

17세기 초 루벤스가 그린 조선 청년(아래) ● 이 청년이 입고 있는 것이 철릭이다. 고려시대에 몽골에서 들어온 철릭은 이후 일상복이 되었다. 이 조선 청년의 선조는 정유재란(1597) 때 일본으로 끌려갔다가 다시 이탈리아에 노예로 팔린 안또니오 꼬레아로 추정된다. 안또니오는 알비시에 정착해 살았고 그 뒤로 알비시는 꼬레아 집성촌이 되었다. 이 철릭과 루벤스의 인연처럼 문명의 전파에는 신비로움이 있다.

몽골에서 전래된 족두리

식사에서 말하는 '호복(胡服)'은 고려 때 들어온 몽골식 복장을 말하는데, 대표적인 것으로 철릭이 있다. 원래 고려인들은 윗옷과 아랫도리를 하나로 잇고 소매가 헐렁한 포를 입었는데, 이때부터 윗옷과 아랫도리를 따로 재단하여 이어 붙이고 아랫도리에 주름을 많이 잡아 활동에 편한 몽골식 철릭이 유행하기 시작해 조선시대에는 문무관료들의 평상복으로까지 되었다. 요즘도 전통혼례식 때 신부가 쓰는 족두리는 원래 '고고'라고 하는 몽골여인들의 외출용 모자였던 것이 고려에 들어와서 예모로 변한 것이다. 상투 대신 정수리부터 앞이마까지 머리를 빡빡 깎고 가운데 머리카락은 뒤로 땋아 내리는 이색적인 개체변발(開剃辮髮)도 일시 선보였으며, 신부의 뺨에 연지를 찍는 것 같은 풍습도 몽골에서 들어온 것이라고 한다. 먹을거리에서도 원래 고려는 불교국가라서 육식을 꺼려왔으나, 유목민 출신의 몽골인들이 들어오는 바람에 고기소를 넣는 만두 같은 육식품을 접하게 되었으며, 오늘도 즐겨 드는 설렁탕도 양을 잡아 대강 삶아 먹는 몽골어의 '슐루'라는 음식에서 유래되었다는 설이 있다. 제주도를 통해 조랑말이 들어온 것도 이때부터다.

그 밖에 우리말로 굳어져버린 낱말들에서 몽골어의 잔재를 찾아볼 수 있다. 왕과 왕비에게 붙이는 '마마', 세자와 세자비를 가리키는 '마누라(마노라)', 임금의 음식인 '수라', 궁녀를 뜻하는 '무수리' 등 주로 몽골 출신 공주들의 활동무대였던 궁중에서 쓰는 이러한 호칭들은 몽골어에 그 어원을 두고 있다. '벼슬아치'나 '장사치', 속어인 '양아치'에서 어미 격인 '치'는 '다루가치'나, '조리치'(청소부), '화니치'(거지), '시파치'(매사냥꾼) 등 직업을 나타내는 몽골어의 끝글자 '치'를 취한 것이다. 매나 말과 관련된 '보라매'나 '송골매', '아실게말'(망아지), '가라말'(검은 말) 등도 몽골어에서 유래된 것이다. 언어의 교류와 관련해 주목되는 것은 원 세조 때 전래의 위구르 문자와 티베트의 파스파문자를 합쳐 만든 표음문자인 몽골문자가 훈민정음의 창제에 어떤 '힌트'가 될 수 있었으리라는 일부 학자들의 주장이다.

'몽골풍'으로 인해 한때나마 고려가 원 중심의 세계유통구조에 편입되게 된 것은 특기할 사항이다. 원에서 발행한 '지원통행보초(至元通行寶鈔)' 같은 '교초(交鈔)', 즉 지폐가 고려에서도 유통됨으로써 고려는 통일적인 통화에 의한 국제교역에 동참할 수 있었다. 우리 역사에서 전무후무한 일이다. 마치 원제국 서쪽 끝의 속국 일칸국(현 이란)에서 '초(鈔)' 자를 새겨 넣은 지폐를 발행해(1294) 사용한 경우와 같다.

이와 같이 '고려풍'과 '몽골풍'으로 대변되는 고려와 원나라 간의 교류에서 우리는, 비록 이질 문명이지만 생산적인 융합이 이루어질 때 문명 본연의 상보·상조적 교류가 실현 가능하게 되며, 문명은 모방성이란 근본속성으로 인해 '불개토풍' 같은 인위적인 제어도 무릅쓰고 사방으로 전파되고 필요에 따라 선택적으로 수용된다는 등 문명교류의 유의미한 원리들을 터득하게 된다.

고려와 이슬람의
역동적인 만남

역사는 언제나 냉철하다. 누가 뭐라고 해서 그대로 되는 법도 없고,
또 누가 아니라고 해서 무턱대고 부정되는 것도 아니다. 1,000년 전
부터, 어쩌면 그보다도 더 일찍부터 있어온 한국과 아랍 이슬람 세계
간의 교류상을 감안할 때, 한국은 결코 '은자(隱者)의 나라'가 아니
라, 열린 나라였다. 그러기에 한국과 이슬람의 만남은 신라를 이어
고려와 조선조, 그리고 현대에 이르기까지 낳이지 않고 면면히 지속

되어왔다. 그런데 그 과정을 통관하면, 적어도 근세까지는 직접적인 만남보다는 중국이나 몽골, 러시아, 일본 등 주변국들에 밀려든 이슬람의 여파에 편승한 만남이 더 많았다. 비록 그렇지만 그 만남은 문명교류의 궤를 따라 진행되었다.

이슬람이란 이슬람교를 바탕으로 한 이슬람문명 전반을 널리 가리키는 말이다. 한국과 이슬람의 첫 만남은 통일신라시대에 이루어졌으며, 이 시대를 이은 고려시대에는 그 만남이 새로운 전기를 맞게 되었다. 초엽에는 아랍상인들이 대거 몰려와 교역을 했고, 말엽에는 주로 원나라를 통해 이슬람이 본격적으로 한반도에 전해지기 시작했다. 그리하여 한반도 내에서 사상 처음으로 이슬람공동체가 작은 규모로나마 형성되면서 이슬람이 알려지게 되었으며, 그 흔적은 오늘날까지도 남아 있다. 이러한 사실은 당대의 여러 문헌, 특히 우리나라의 사적에 의해 여실히 입증되고 있다.

『고려사』나 『고려사절요』 같은 책을 펼쳐보면, 이슬람을 지칭하는 '회회(回回)'나 이슬람교 신봉자인 무슬림을 일컫는 '회회인'에 관한 기사가 간간이 눈에 띈다. 모두가 한국과 이슬람의 만남에 관한 흥미로운 기록이다. 『고려사』의 기록에 의하면 고려 초기인 1024년과 1025년, 1037년에 열라자(悅羅慈)와 하선(夏詵)을 비롯한 회회상인들이 100여 명씩이나 무리를 지어 개경에 와서 수은이나 몰약(沒藥, 방부제), 소목(蘇木, 외과용 약) 같은 진귀한 공물을 진상했다. 고려왕은 그들에게 객관(客館)까지 마련해 후대하고, 돌아갈 때는 황금과 비단을 하사하기도 했다. 열린 나라 고려의 아량이며, 이질 문명 간의 범상찮은 만남이었다.

이슬람세계로 말하면 이때는 압바스조 이슬람제국(751~1258)의 전성기로서 이슬람문명이 세계를 향해 종횡무진으로 파급되어 급기야는 그 물결이 직·간접적으로 한반도까지 밀려왔던 때다. 그러다가 몽골군의 서정(西征)으로 인해 이슬람제국이 붕괴되자 그 물결은 일시 가라앉고 말았다. 그래서 고려 중기에는 만남의 자취를 별로 찾아볼 수 없다. 그러나 문명 간의 만남에는 한때의 멈춤은 있어도 영원한 끊임은 없으며, 그 멈춤조차 또 다른 만남을 위한 쉼표이자 뜀대에 지나지 않는다.

침묵의 한두 세기를 지난 고려 말엽에 이르러 원나라의 간섭기와 때를 맞추어 이슬람의 한반도 유입이 본격화되었다. 보통 '색목인'이라고 불리는 서역 무슬림들이 간섭자인 몽골인들의 후광 속에 한반도에 밀려왔다. 원제국에서 색목인들은 몽골인에 버금가는 사회적 지위를 누리면서 제국의 내정은 물론, 원정을 비롯한 대외관계에서도 문자 그대로 '두뇌역할'을 했다. 이슬람이라는 이질 문명이 그 신봉자도 아닌, 그저 이용자일 뿐인 유목민의 등에 업혀 반입되었다는 것은 역사의 아이러니가 아닐 수 없다. 원대 조정에서 '문화교수'의 특수한 입지를 점하고 있던 색목인 무슬림들은 원제국의 고려 경략과 간섭에 동참하여 사신·역관·근위병·무관·겁령구(怯怜口)• 등 여러 가지 직분으로 고려에 공식 파견되었다. 그들뿐만 아니라 일반 상인이나 민간인들도 다수 고려에 왕래했다. 그들 중에는 이러저러한 이유로 돌아가지 않고 고려에 눌러앉아 귀화한 사람들도 적지 않다. 이 귀화 무슬림들은 중세 한반도 무슬림의 비조가 되어 이슬람의 한반도 전파에 큰 족적을 남겨놓았다. 그 대표적 일례가 삼가(三哥) 장순룡(張舜龍)이다.

『고려사』와 『덕수장씨시조 공숙공약사(德水張氏始祖恭肅公略史)』

● 원래는 몽골공주가 시집을 때 시중을 들기 위해 고려로 따라온 시녀나 하인. '집안 아이'라는 뜻.

등 사적의 기록에 따르면, 삼가는 1274년 고려 제25대 충렬왕의 몽골비인 제국대공주(齊國大公主, 본명은 홀도로게리미실忽都魯揭里迷失, 원 세조의 딸)의 종관으로 고려에 왔다. 원래 그는 원나라에 있을 때도 고관직을 제수받은 인물로서 비록 공주의 사속인 신분으로 고려에 왔지만 곧바로 벼슬이 낭장

덕수 장씨 문중의 재실 풍덕사 •
평택 팽성 분토골 소재.

(郎將)에서 장군을 거처 첨의참리(僉議參理)까지 승승장구했다. 충렬왕에 의해 덕성부원군(德成府院君)에 봉해진 뒤에 덕수현(德水縣, 현 개성시 개풍군)을 식읍으로 받았고, '장순룡'이란 이름까지 하사받고 고려여인과 결혼해 슬하에 세 아들을 남기고 44세에 별세했다. 생전에는 자주 원에 사신으로 파견되었으며, 사후에는 '공숙(恭肅)'이란 시호를 받았다. 그리하여 후손들은 그를 시조로 모시고 덕수를 본관으로 삼아 세통을 이어왔다. 오늘날까지 12파 29대로 이어져 내려온 덕수 장씨의 문중에는 걸출한 인재들이 적지 않게 배출되었다. 공숙공의 맏아들 양(良)은 판사를 지냈고, 8대손인 정(珽)은 연산군 때 한성부판관을 역임했다. 특히 12대손인 장유(張維)는 조선시대 4대 문장가의 한 사람으로서 우의정까지 올라 명성을 날렸으며 『계곡집(谿谷集)』 같은 명문집을 남겼다. 오늘날 후예들은 남한에만도 50여 집성촌에 약 3만 명을 헤아린다. 지금도 후손들은 가문의 안녕과 길복을 발원해 해마다 10월이 되면 '장말 도당굿'●이란 굿놀이를 벌이고 있다.

• '장말'은 '장씨마을'의 준말. '도당굿'은 동네사람들이 마을의 수호신에게 복을 비는 굿.

　삼가보다 좀 뒤늦게 고려에 와서 귀화하고 고관직에 오른 무슬림으

'장말 도당굿' 장면 ● 중요무형
문화재 98호.

로는 경주 설(偰)씨의 시조인 회골(回鶻, 현 중국 신장 지역의
위구르인) 출신의 설손(偰遜)이 있다. 그는 원나라에서 일어
난 '홍건적의 난'을 피해 고려에 망명했는데, 원에 인질로
잡혀가 있을 때 친분을 쌓은 공민왕으로부터 부원후(富原
侯)에 봉해지고 전답까지 하사받았다. 그 후 곧바로 귀화해
고려의 대표적 시인의 한 사람으로 활약했으며, 그 후손들 중에는 조
선 개국 시 명나라에 여덟 차례나 사신으로 간 장자 장수(長壽)가 있
다. 장수는 태조 때 연산부원군(燕山府院君)에 봉해져 계림(鷄林, 옛
경주)을 식읍으로 하사받고 본관을 경주로 정했다. 현재 약 2,000명의
후손들이 살고 있다. 이 두 사람 말고도 귀화한 민보(閔甫)가 있다.
벼슬이 대장에까지 이른 그는 매를 가지고 다섯 차례나 원나라에 사
행하고 충선왕 때는 평양부윤(府尹)이 되어 존무사(存撫使)를 겸하
기도 했다. 임천(林川) 이씨도 비슷한 경우다.

  이와 같이 '준몽골인'으로, '문화교수'로 고려에 온 무슬림들, 특히
귀화한 무슬림들은 고려와 이슬람의 만남에서 선도적 역할을 하고
고려사회에서 상당한 권력도 행사하면서 나름대로 사회·문화적으로
기여했다. 그들은 수도 개경 인근에서 취락을 이루어 집단거주하면
서 특유의 이슬람공동체를 형성해 고려인들과 이웃하면서 살았다.
무슬림들은 이슬람교 사원 격인 예궁(禮宮)에서 일상적인 예배를 근
행했을 뿐만 아니라, 회회사문(回回沙門, 이슬람교의 이맘)의 인도하에
이슬람교의 집단예배의식인 '대조회송축(大朝會頌祝)'을 왕이 있는
궁전에서 거행하고 신전에서 왕을 위해 향연을 베풀기도 했다. 심지
어 충혜왕(忠惠王) 때는 무슬림들에게 피륙판매권을 준 댓가로 매일
쇠고기 15근을 상납받았다. 그리고 원나라에 보내는 진귀품의 하나

인 매를 사양하고 관리하는 응방(鷹坊)의 총
관은 회회인들이 도맡았다. 또한 왕실 주변에
는 색목인 출신으로 회의군(懷義君)에 봉해
진 최노성(崔老星) 같은 대상인들도 있어 두
나라 간의 공·사무역에 종사했다.

무슬림들이 고려에 귀화하고 정착해 활약
했다는 사실을 전해주는 여러 가지 유물과 전
승들이 지금까지도 남아 있다. 이제 무슬림들
이 고려사회에 어지간히 적응하여 '고려화'되다 보니, 당시 유행하던
풍자가사의 주인공으로까지 등장하게 된다. 유명한 고려가요 「쌍화
점(雙花店)」이 그 일례다. 이 속요는 4절로 되어 있는데, 그 첫 절이
회회남자와 고려여인 간의 로맨스다. 지금 말로 풀이하면,

쌍화점에 쌍화를 사러가니
회회아비가 내 손목을 쥐었다.
이 소문이 상점 밖에 퍼진다면
조그마한 새끼 광대인 네가 퍼뜨린 것인 줄 알리라.

라는 내용이다. 이를 두고 혹자는 퇴폐적인 사회상의 한 단면이라고
혹평하기도 하지만, 그렇게만 볼 일은 아니다. 오히려 이것이야말로
이질적인 두 문명의 만남으로서, 어쩔 수 없이 속세에서 융합되다보
니 마침내 인간의 본능인 사랑과 낭만이 자연스럽게 표출된 경우다.
여기서 '쌍화'는 상화(霜花)떡으로서 무슬림 고유의 빵(만두)일 것이
다. 쌍화와 함께 전래된 무슬림들의 음식으로는 송도 설(薛)씨가 만

든 데서 유래한 설적(薛炙)이 있는데, 이것은 소의 고기나 내장을 양념해 쇠꼬챙이에 꿰어 구운 음식으로서, 오늘날까지 유행하고 있는 중동의 '카밥'이나 동남아의 '사떼'와 흡사한 먹을거리다.

일찍이 삼국시대부터 유입된 서역 악무는 고려시대에 와서도 그 맥을 고스란히 이어갔다. 주로 중앙아시아에서 들어온 비파·나팔·소 같은 호악과 호가, 호무는 인기리에 널리 퍼졌다. 14세기 후반 '몽골풍'에 젖은 우왕(禑王)은 한 무슬림 가정의 아들과 딸을 데려다가 시종으로 삼고, 대동강 부벽루(浮碧樓)에서 호악을 친히 연주하고 화원에서 호가를 즐기며 때로는 호무까지 추었다고 한다.

고려와 이슬람세계 간의 교류물 중에는 오늘날까지도 우리의 일상에서 빼놓을 수 없는 것이 하나 있으니, 그것이 바로 소주다. 서양에서는 '취중진담(醉中眞談)'이란 이유를 들어 술을 신이 인간에게 하사한 최고의 선물이라고 한다. 이러한 술이 한국과 이슬람의 만남을 주선한 매체가 되었다면 이것이야말로 신이 두 문명에 하사한 실로 진중하고 신기한 선물이 아닐 수 없다.

흔히 우리나라 3대 토주의 하나로 꼽는 소주의 연원을 고려시대로 알고 있는데, 다시 그 연원을 캐 올라가면 그 원조는 아랍에 가닿는다. 세 번 고아 내린 증류주라고 하여 이렇게 이름 붙여진 소주는 기원전 3000년경에 메소포타미아의 수메르에서 처음 만들어졌다고 한다. 그 뒤 증류주는 오늘날까지도 중동아랍 지역에서 '아라끄'란 이름으로 줄곧 전승되

태평소

소주를 내릴 때 사용하는 소줏고리

어오고 있다. 그런 '아라끄'를 몽골군이 1258년에 압바스조 이슬람제국을 공략할 때 아랍 무슬림들로부터 그 양조법을 배워와서는 일본 원정을 위해 한반도에 진출했을 때 개성과 안동, 제주도 등 주둔지에서 처음으로 빚기 시작했다. 원정군이 가죽 술통에 넣고 다니면서 마시는 '아라끄'를 공급하기 위해 고려인들이 만들어낸 것이 바로 고려소주다. 고려소주의 본산인 개성에서는 근세까지도 소주를 '아락주'라고 불렀다. 아랍어로 '증류'란 뜻에 어원을 둔 이 소주는 몽골어로 '아라킬', 만주어로 '알키', 중국어로 '아랄길주(阿剌吉酒)', 힌두어로 '알락'이라고 한다. 지금도 서아시아 일원에서는 '아락'이라는 우윳빛 소주가 유행하고 있다.

이처럼 고려와 이슬람의 만남과 교류는 주로 몽골의 내침과 간섭이란 특수한 역사적 배경 속에서 거의 일방적으로 이루어졌다. 그러나 역설적으로 이러한 만남이었기에 이슬람의 전파나 수용은 역동적일 수밖에 없었다. 따라서 길지 않은 만남이었지만 그 영향은 자못 심대해 오늘날까지도 그 흔적이 남아 있다.

부민교류의 큰 별
문익점

얼마 전 한 정당인이 외국의 선물용 포장쌀 샘플을 소개하면서 국회
의원들에게 '문익점이 되어달라'고 독려하는 글을 읽은 적이 있다. 외
국의 좋은 아이디어가 있으면 기꺼이 받아들이는 게 바로 '현장정치'
라는 것이다. 해석이야 어떻든 간에, 600여 년 전에 살고 간 문익점
(文益漸)이 오늘 우리들 속에 여전히 살아 숨 쉬고 있음을 직감케 한
다. 우리나라 역사인물 중에서 사당 수가 많기로는 최영(崔瑩) 상군

과 충선공 문익점이 쌍벽을 이루며, 국가에서 사당을 짓고 논밭과 노비를 내려 후손들이 영원히 제사를 모시도록 한 주요 부조묘(扶助墓)의 주인공도 문익점이다. 그만큼 문익점은 우리 겨레의 사랑과 모심을 널리, 그리고 오래도록 받는 위인이다.

여말선초의 격변기에 문반 출신으로 여러 가지 관력을 거치면서 이러저러한 정치적 사건에 자의 반 타의 반 휘말려 부침을 거듭하다보니, 그에 관한 기록이나 평가에는 다른 견해나 왜곡이 적지 않으며 심지어 전설적 요소마저도 끼어 있다. 충절이나 효심, 학문도 출중하지만, 무엇보다도 그의 이름을 빛나게 한 것은 백성을 잘살게 하려는 부민(富民)정신에서 목화씨를 반입한 일이다. 그 옛날 몇 알의 목화씨를 들여다가 우리 겨레의 생활문화에 일대 혁명을 일으킨 '목면공(木棉公)' '문화영웅'으로서의 그의 교류사적 업적은 커다란 현실적 의미가 있다. 그래서 오늘도 '문익점'이 필요한 것이다.

문익점 영정

고려 말엽의 문신이자 학자인 문익점은 1328년(혹은 1329, 1331년) 지금의 경상남도 산청군 단성면 배양마을에서 낙향한 선비의 둘째로 태어나 10살 때 대유학자 이곡(李穀)의 문하생이 되었으며, 이를 계기로 이성계의 역성혁명을 줄기차게 견제해온 그의 아들 이색(李穡)과 평생 정치적 운명을 함께했다. 20세 때 『시경』만을 가르치는 국립학당 격인 경덕재(經德齋)에 들어갔고, 23세 때는 원이 고려에 설치한 정동행중서성이 주관하는 정동성 향시(征東省鄕試)에 급제했으며, 33세 때는 공민왕이 새로 지은 궁궐인 신경에서 실시한 신경동당시에 응시해 급제자 33명 중 7등으로 뽑혔다. 이 시험에서 1등은 당시 24세인 정몽주(鄭夢周)였는데, 동방급제한 그와는 평생 뜻을 함께한다. 과거에 급제한 문익점의 첫 벼슬은 부군수에 해당하는 정8품

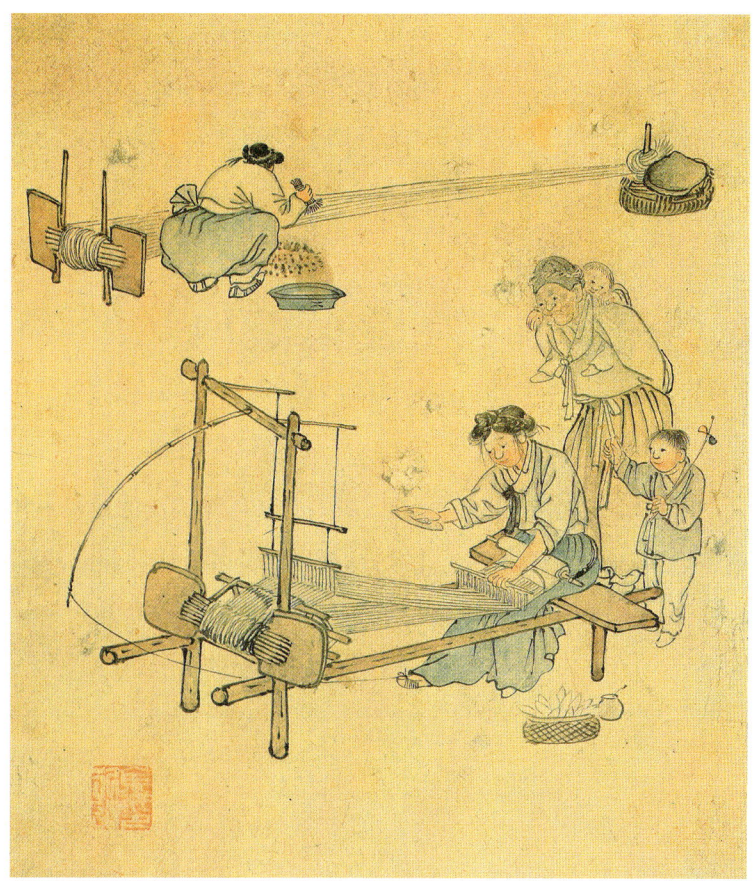

의 김해부사록(金海府司錄)이다. 이어 유교교육을 관장하는 성균관
의 순유박사(諄諭博士)로, 그러고는 왕에게 직접 간언하는 핵심기관
인 사간원의 좌정언(左正言)에 발탁되었다. 재주에 따르는 승승장구
의 관력이다.

　이 무렵 공민왕이 실시한 국권회복정책과 친원파 숙청으로 인해 고
려와 원 간의 관계가 극도로 악화되자 원나라 순제는 일방적으로 공
민왕에게 내린 인수를 철회하고 26대 충선왕의 셋째아들인 덕흥군

(德興君)을 고려왕으로 책봉한다. 이에 공민왕은 여러 차례 사절단을 보내 해결을 시도했으나, 원은 사절단마다 매양 억류해버린다. 그래서 왕은 다시 1363년 3월과 4월에 사절단을 각각 파견하면서 문익점에게 문서기록을 담당하는 서장관(書狀官) 직책(정사와 부사 다음의 서열)을 맡겼는데, 어느 사절단에 속했는가 하는 기록부터가 엇갈리면서 원나라에서의 그의 활동과 귀국시기 및 목화씨 전래 등에 관해 여러 가지 논란이 일고 있다.

예컨대 『고려사』에서는 그가 원나라 순제가 책봉한 덕흥군에게 아부했다가 덕흥군 측이 패하자 1364년에 "득목면종(得木綿種)", 즉 '목면 종자를 얻어가지고' 귀국했다고 하며, 조선조의 『태조실록』에서는 원에서 돌아올 때 길가의 목면나무를 보고 그 씨 10개를 따서 주머니에 넣어가지고 왔다고 한다. 그러나 문익점의 증손인 문치창(文致昌)이 1464년에 편찬한 『가장(家狀)』을 비롯해 남평(南平) 문씨의 가전을 집대성한 『삼우당실기(三憂堂實記)』(1819)에는 이와 정반대의 기록이 나온다. 그 기록에 따르면, 문익점은 "하늘에는 두 해가 없고, 백성에게는 두 군주가 없다"고 하면서 원제와 덕흥군 측의 끈질긴 회유와 압력을 물리치고 불사이군(不事二君)의 충절을 끝내 지킨다. 그러자 원제는 42일간 구류했다가 그래도 불복하니 남방인 교지(交趾, 현 윈난) 지방으로 유배를 보냈는데, 거기서 3년간 귀양살이를 하다가 풀려나 원나라 수도로 돌아오는 길에 목화씨를 구해가지고 1367년에 귀국했다고 한다. 조선 초에 편찬된 『고려사』가 조선조의 건국에 제동을 건 고려인들의 행적을 폄하했던 경향이나, 문익점이 귀국 후 처벌되지 않고 공민왕으로부터 벼슬을 제수받았을 뿐만 아니라 그 후 여말선초의 여러 군주들로부터도 충신의 예우를 받

은 사실 등을 감안할 때, '덕흥군 아부설'은 일종의 낭설로 판단된다.

이렇게 문익점의 3년간 귀양살이 여부가 기록에 따라 다르며, 따라서 원으로부터 귀국한 때도 3년간의 차이(1334년과 1337년)를 보이고 있다. 게다가 당시 원나라에서 목화씨 반출이 금지되어 목화씨 10개를 붓뚜껑 속에 감추고 들어왔다는 기록은 사적에 명시되어 있지 않다. 이것은 아마 그의 절절한 애국애민정신을 강조하기 위해 후세에 가공·윤색한 전설적 일화라고 짐작된다. 역사는 이런 유의 전설을 얼마든지 허용하고 있으니, 굳이 허구라고 나무랄 필요는 없다. 예를 들어 2세기경 중국공주가 누에와 뽕나무씨를 모자솜 속에 감추어 허텐(和闐)에 전해주었다는 일화, 6세기 중엽에 네스토리우스파 사제가 인도 북부에서 누에고치를 지팡이 속에 숨겨 로마로 반출했다는 비슷한 일화도 있다. 그 밖에 당시 원나라에서 목화씨가 반출금지품인가 아닌가, 선비로서 밀반출은 명분에 어긋난다는 등 이러저러한 시빗거리도 있다. 그래서인지 근간에는 당시 목화재배는 일반화되어 그 씨의 반출은 금지된 일이 아니었고 따라서 결코 '밀수'라고 볼 수 없다는 반론도 나오고 있다. 하기야 예나 지금이나 명분과 실리는 동전의 양면인만큼 명분을 지키면서 실리도 챙기는 것이 가장 바람직한 일인 것이다.

아무튼 문익점은 귀국한 후 친원정책에 반기를 들기도 하고, 이성

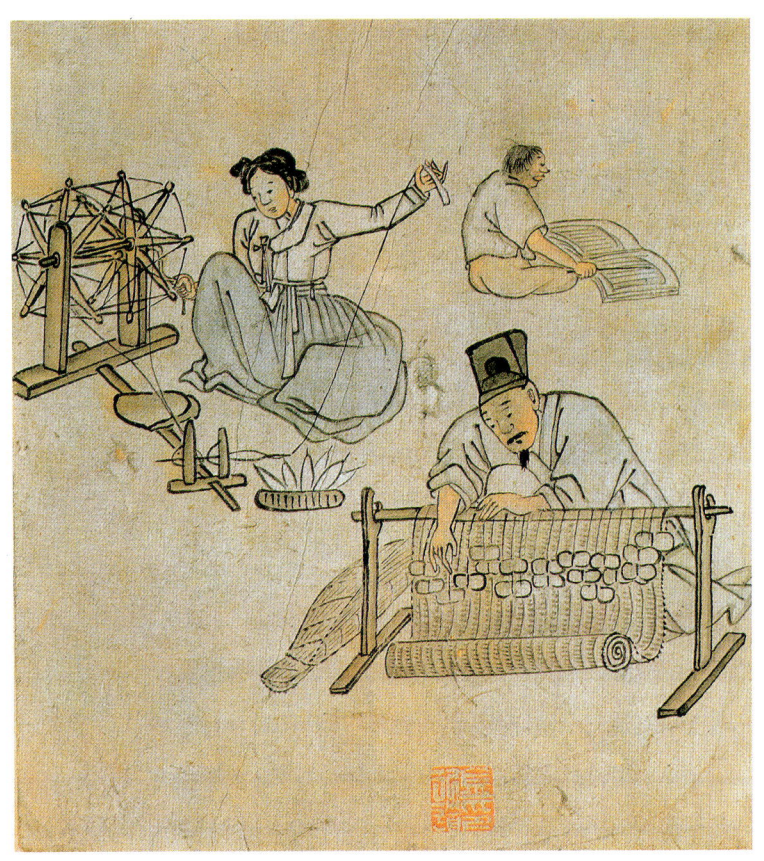

계 일파의 전제개혁을 비난하기도 하여 탄핵과 좌천, 재기와 승진 등
을 거듭하면서도 충효의 도는 물론 '목면공'으로서의 집념도 실천해
나간다. 『태조실록』에 의하면 원에서 갖고 들어온 목화씨를 장인 정
천익(鄭益天)에게 나누어 주어 3년간이나 시험재배를 거듭하던 끝에
천익이 받은 한 그루만이 살아남아 재배에 성공했다고 한다. 그 후
천익이 호승(胡僧, 서역승)으로부터 실 뽑고 베 짜는 기술과 기구를
배워 무명을 짜니, 10년도 채 안 되어 목화 재배가 전국으로 퍼져나
갔다. 그런데 이러한 중론에 반하는 이견, 심지어 통박도 만만찮아

작금 시빗거리로 떠오르고 있다. 일부에서는 목숨을 걸고 가져온 소중한 목화씨를 남에게 부탁해 심게 할 수는 없었을 것이라는 '심증'을 들어 천익과의 협력재배를 부인하며, 또한 실 뽑는 기구인 '물레'는 호승의 도움을 받아 천익이 만들어낸 것이 아니라 문익점의 손자인 문래(文萊)가 만든 것으로서 그 이름 역시 문래에서 유래했다고 하면서, 천익은 목화재배나 무명과는 무관하다고 주장한다. 그런가 하면 다른 편에서는 목면재배에 성공한 사람은 문익점이 아니라 정천익이므로 사적 108호인 '문익점면화시배지'란 명칭을 응당 '목면시배지'로 바꾸어야 한다며 행정소송까지 제기한 일이 벌어지기도 했다. 자못 안타깝고 낯 뜨거운 일이 아닐 수 없다.

1398년(혹은 1400년)에 70세를 일기로 파란만장한 생을 마감한 문익점은 생전에 나라가 진흥하지 못하고, 성인(聖人)의 학문이 제대로 전해지지 못하며, 자신의 뜻이 확립되지 못한 3가지 점이 걱정된다는 뜻에서 자신의 호를 '삼우당(三憂堂)'으로 지어 불렀다. 바로 이러한 우국충정의 일념에 불탔기에 그 숱한 사람이 원나라를 오가면서도 무심했던 목화를 그만이 눈여겨보고 헐벗은 백성들의 옷감을 마련코자 씨를 구해가지고 와서는 만사를 제쳐놓고 면화재배에 전념해 결국 청사에 길이 빛날 불멸의 위훈을 세웠다.

목면의 원산지는 인도로서 약 5,000년 전부터 재배하기 시작하여 그것이 지구의 여러 곳으로 전파되어 해도목면, 이집트목면, 육지목면, 아시아목면 등 몇 가지 종류로 갈라졌다. 면모(솜털)는 의복의 원료로 가장 많이 쓰이는데, 그것은 실의 강도가 강해 방적이 쉽고, 탄력과 신축성이 뛰어나 촉감이 좋으며, 색감과 광택이 좋고 염색하기 쉬우며, 섬유 사이가 비어 무게가 가벼우면서도 보온력과 흡수성이

목화꽃

우수한 것 등 일련의 특질을 가지고 있기 때문이다. 실로 무명은 인류가 오래전부터 꿈에 그리던 '환상의 옷감'이다. 뿐만 아니라 목면의 씨는 약 20% 정도의 유지분을 함유하고 있어 짜서 식용유를 만들고 찌꺼기는 유기질 비료로 쓰며 고목은 연료로 이용된다. 한마디로 그 용도는 다종다양하다. 그래서 목면의 전래와 도입이 의복혁명을 일으킴은 물론, 서양이나 일본에서는 근대화를 선도한 제1차 산업혁명을 결과했던 것이다.

우리나라의 경우도 사정은 마찬가지다. 문익점에 의한 목화씨의 전래와 재배 및 목면 생산은 우리나라 직물사뿐만 아니라, 산업구도나 생활문화에도 일대 혁명을 일으켰다. 삼국시대 이래 전통적인 의료(衣料)산업인 견직업과 마직업(삼베나 모시)에서 마직업이 면직업으로 대체되었을 뿐만 아니라, 조선시대부터는 면직업이 의료산업을 주도하게 되었다. 의료경작물 재배에서도 여러해살이의 뽕나무나 모시풀 재배가 한해살이의 목면으로 대체됨으로써 경작체계에 근본적인 변화가 일어났고, 포근한 솜과 질긴 무명은 옷감의 개조와 향상에서 획기적인 전기를 마련했다. 또 씨를 뽑는 씨아나 실을 잣는 물레, 실을 감는 가락, 실낱을 고르는 날틀 같은 면직기구의 제작은 기계제작의 단초를 열었으며, 탈지면은 지혈이나 외과치료용으로 쓰이고, 솜은 초나 화약의 심지로 이용되었다. 질기고 내구성이 강한 무명실로 만든 바느질실이

물레 ● 솜으로 실을 만드는 데 쓰던 틀이다. 손잡이를 돌리면 감아둔 줄이 돌면서 왼쪽에 있는 꾀머리에 고정된 가락이 빠르게 돌아간다. 이때 가락의 끝에 솜 고치를 대면 실이 만들어진다.

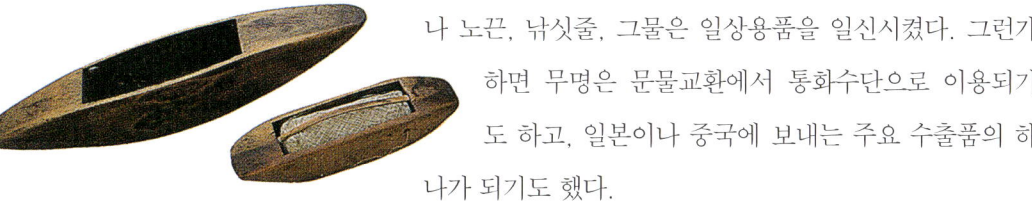

북 ● 삼베, 모시, 무명, 명주 등을 짜기 위해 씨실 꾸리를 넣고 날실 사이로 통과시키는 데 쓰는 도구다. 한쪽 옆으로 구멍이 뚫려 있어서 씨실이 계속 풀려 나오게 되어 있다.

씨아 ● 목화씨를 빼는 도구.

나 노끈, 낚싯줄, 그물은 일상용품을 일신시켰다. 그런가 하면 무명은 문물교환에서 통화수단으로 이용되기도 하고, 일본이나 중국에 보내는 주요 수출품의 하나가 되기도 했다.

이처럼 문익점에 의한 목화씨 전래와 그 생산물인 목면은 물속에서부터 하늘까지 우리 겨레의 생활영역을 전례 없이 넓히고 풍부하게 만들었으며, 사회발전 전반에서 가위 혁명적인 변혁을 가져왔다. 그래서 퇴계 이황(李滉)은 그의 목면 전래를 통해 이 나라의 의관문물이 일신되었다고 평가했고, 남명 조식(曺植)은 "백성에게 옷을 입힌 것이 농사를 시작한 옛 중국의 후직(后稷)씨와 같다"는 시를 지어 칭송했으며, 우암 송시열(宋時烈)도 "이전의 사람도 문공(문익점) 같은 이 없었고, 이후의 사람도 문공 같은 이 없었으며, 이후의 이후에도 역시 문공 같은 이는 없을 것이다"며 극찬을 아끼지 않았다. 그의 공적이 지대한만큼 국가의 포상도 성대했다. 고려조 우왕(禑王) 때에는 문익점이 살던 배양리에 효자비를 세웠고, 조선 정종 때는 그가 세상을 뜨자 묘사를 짓게 했으며, 태종 때는 조선왕조에서 관직을 지내지 않았음에도 예문관제학(禮文館提學)을 하사하고 강성군(江城君)으로 봉하면서 시호를 충선(忠宣)이라 했으며 부조묘도 세우게 했다. 세종대왕에 이르러서는 영의정을 증직하고, 그가 백성의 살림을 넉넉하게 했다고 해서 '부민후(富民侯)'란 칭호를 추서했다. 실로 문익점이야말로 문명교류사에서 보기 드물게 목화씨 전래와 무명의 전파란 장거로 국민을 복되게 한 부민교류의 큰 별이다.

목면 전파에서 특기할 것은 조선의 목면이 일본에 전해졌다는 사실이다. 15세기 초 조선 태종 때부터 '청목면(靑木棉)'이란 이름의 목면이 일본사신에 대한 하사품 중에 포함되기 시작하다가 20년도 채 못 되어서는 하사품 중에서 주종을 이루었다. 같은 세기 후반에는 일본의 지방영주들이 앞을 다투어 매해 수천 필씩 조선의 면포를 무역해 갔다. 17세기 초 에도(江戶)시대에 출간된 일본 최고의 농서인『세이료오끼(淸良記)』등의 사적에 의하면, 일본은 15세기에 '오오닌의 난'(1467~1477)을 비롯한 전란이 발발하여 군복 같은 옷감 수요가 급증하자 해금(海禁)정책을 취하고 있는 명나라와의 거래가 단절된 상태에서 조선으로부터만 면포를 수입하면서 목화씨를 들여다가 우리보다 약 100년 후에 단작작물로 목화를 재배하기 시작했다. 요컨대 교류사에서 보면, 일본의 면직업은 문익점을 통한 간접전파의 결과물이다. 그러던 일본의 면직업은 우리를 앞질러 근대화를 선도한 산업으로 도약했다. 우리나라도 조선조의 면업장려정책으로 인해 17세기 중엽까지도 함경도를 제외한 전국 각지에서 면작이 이루어졌고, 명나라사신들에게 면직포를 하사할 정도로 면업이 발달해 그 질이 높았다. 그러나 그 후의 쇄국정책으로 인해 우리의 면업은 근대화의 문턱에서 그만 머뭇거리다가 급기야 망국과 더불어 조락하고야 말았다. 뼈저린 역사의 교훈이다.

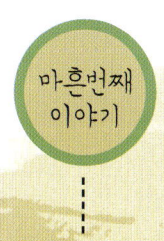
고려 품에 안긴
귀화인들

1995년 화산(花山) 이씨 종친회 대표들이 선조가 한국으로 망명한(고려 고종 13년, 1226년) 지 780년 만에 베트남을 찾았다. 대통령을 비롯한 3부 요인이 모두 나와 열렬히 환대하고, 베트남정부는 자국민과 똑같은 법적 지위를 부여한다고 밝히면서 왕손으로서의 예우를 깍듯이 했다. 마냥 금의환향이다. 그도 그럴 것이 그 나라의 한 영광스러웠던 왕조가 남긴 유일한 왕손이 오매불망 그리던 고국으로 돌아오고 있기 때문일 것이다. 지금도 해마다 리 왕조 건국기념식(음력 3월 15일)에는 종친회 대표들이 꼭꼭 초청되고, 2002년에는 양국 예술가들의 합작품인 「이용상 오페라」가 하노이에서 공연되기도 했다. 이웃과의 우의와 나눔을 소중히 여기는 우리로서도 뜻 깊은 일이 아닐 수 없다.

원래 화산 이씨의 시조인 이용상(李龍祥)은 베트남의 첫 독립국가인 리 왕조(1009~1226)의 8대 왕 이천조(李天祚)의 둘째아들이자 9대 왕 혜종(惠宗)의 숙부로서 왕자 신분의 군 총수였다. 그는 한 척신의 권모술수에 의해 왕이 폐출되고 왕족이 몰살당하는 난국에서 유일하게 구사일생으로 탈출, 추적을 피해 배에 몸을 싣고 정처 없이 떠났다. 어쩌면 베트남 최초의 보트 피플이었을 것이다. 아마도 계절풍을 타고 바람 부는 대로 흘러흘러 와 닿은 곳이 바로 한반도 서해안에 자리한 옹진반도의 화산(지금은 북한에 속함)이다. 비행기로도 5시간이나 걸리는 약 3,600km의 거리다.

때마침 무도한 몽골군이 이곳을 유린하자, 이 베트남왕자는 섬사람들과 함께 힘을 모아 성을 쌓고 분전해 침략자를 물리쳤다. 이 사실이 고려조정에 알려지자 고종은 그 행위를 가상히 여겨 이용상에게 화산 일대를 식읍으로 내리고 본관을 화산으로 하는 이씨 성을 하사했다. 그래서 이용상은 화산 이씨의 시조가 된 것이다. 지금도 화산 인근에는 이용상의 행적을 전해주는 유적이 곳곳에 남아 있다. 몽골군의 침입을 막고자 쌓았다는 안남토성(安南土城, 북면 봉소리 동쪽 원추형 산상)과 고향이 그리울 때마다 찾아가 고국 쪽을 향해 통곡했다는 망국단(望國壇, 일명 월성암越聲岩), 그리고 리씨 왕조 시조의 이름을 딴 남평리(南平里)와 당시 베트남의 나라 이름을 본받은 교지리(交趾

화산 이씨 족보

里)가 바로 그 흔적들이다.

성을 하사받고 귀화한 이용상 일가 중에는 걸출한 인물들도 여럿 배출되었다. 두 아들 중 장남 간(幹)은 예문관(禮文館) 대제학(大提學)을 제수받았고 차남 일청(一淸)은 안동부사를 지냈으며, 6대손 맹운(孟芸)은 공민왕 때 호조전서(戶曹典書)를 역임하다가 국운이 기울자 고향에 은거하면서 '두 임금을 섬기지 않는' 충절을 지켜 이름을 빛낸 바 있다. 이태조가 세 차례나 한성판윤의 벼슬을 내리며 불렀으나 모두 거절했다. 지금 이용상 후예들이 남한에는 약 260가구에 1,400명 가량 살고 있으며, 북한에는 더 많이 있다고 한다. 화산 이씨 외에 베트남에서 이 땅에 와 귀화한 사람으로는 이양혼(李陽焜)을 시조로 하는 강원도 정선(旌善) 이씨가 있다. 이 세가 중에는 고려 명종 때 (1170~1197) 14년간이나 무소불위의 무신철권을 휘두른 6대손 이의민(李義旼)이 있다.

이용상을 시조로 한 화산 이씨의 정착과 귀화, 그리고 그 후손들의 행적 등은 고려 귀화인들의 전형적인 한 사례다. 일반적으로 귀화란 외국인이 국내에 들어와 영주하면서 내국인으로 동화되는 것을 말한다. 귀화는 문명교류를 실현 가능케 하는 역사적 배경이 되는 동시에 그 양상이기도 하다. 왜냐하면 귀화는 일종의 인적 교류로서 그것을 통해 이질적인 문명이 전파되고 수용되기 때문이다. 어느 나라 역사에도 정도나 형태의 차이는 있어도 귀화가 배제된 일은 거의 없으며, 그 양상은 나라의 개방성이나 국력과 크게 관계된다. 고려시대에 귀화하게 된 동기를 보면, 정치적 망명, 표착(漂着), 투항, 피란, 포로,

대표적인 귀화 성들

여진 청해 이씨

몽골 연안 인씨

신라 경주 설씨

우리나라 275개 성씨 중
136개의 귀화 성 (1985년 통계)
시기별 귀화 성

신라 40여개 · 고려 60여개 · 조선 30여개

중국 충주 매씨, 남양 제갈씨

베트남 화산 이씨, 정선 이씨

아라비아 덕수 장씨

일본 우록 김씨

ⓒ신동천

정략적 혼인, 구제(救濟), 상업활동, 종교전파, 시종(侍從)관계 등 그 내용이 다양하다.

족보가 발달한 우리나라의 경우, 275개(1985년 통계) 성씨가 있는데, 그중 외래의 귀화성(姓)이 무려 136개를 헤아린다. 시대별로 보면, 신라 때 40여 개, 고려와 조선 시대에 각각 60여 개와 30여 개인데, 그 가운데서 절대다수인 약 130개가 중국계 귀화성이라고 한다. 고려 시대의 귀화성을 살펴보면, 중국계로 달성 하씨(達城夏氏)와 아산 호씨(牙山胡氏), 성주 시씨(星州施氏) 같은 희귀성이 많으며, 몽골계로는 연안 인씨(延安印氏), 여진계로는 청해 이씨(淸海李氏), 위구르계

154

로는 경주 설씨(慶州偰氏), 회회계로는 덕수 장씨(德水張氏), 일본계로는 우록 김씨(友鹿金氏, 후에 김해 김씨로 바꿈) 등이 있다. 이렇게 보면 '투화(投化)'나 '내투(來投)'라는 말로 표현된 귀화가 고려시대에 가장 성행한 걸 알 수 있는데, 그것은 고려가 튼튼한 국력과 높은 문화적 자신감을 바탕으로 귀화인에 대해 포용과 우대의 선정을 널리 베풀었기 때문이다.

고려 초기 약 100년 동안에 개인적인 출세를 위해 찾아온 중국인들과 유민이나 포로의 신분으로 온 발해인과 여진인, 거란인을 포함해 고려에 귀화한 외래인은 약 17만 명에 달했다. 그러다가 원제국의 간섭기를 전후한 후기에는 주로 파견이나 결혼, 포로처럼 자신의 의사와는 상관없이 들어와 살다가 귀화한 경우가 대부분으로서, 중국인의 귀화는 3회밖에 기록에 없다. 일본인의 귀화는 전기에 3회, 후기에 19회 등 22회의 사례가 있는데, 후기의 경우는 모두가 포로로 잡혀온 왜구들이다. 특이한 것은 원제국의 후광 속에 색목인이나 회회인 들이 들어와 귀화해 중세 서역인의 비조가 된 사실이다.

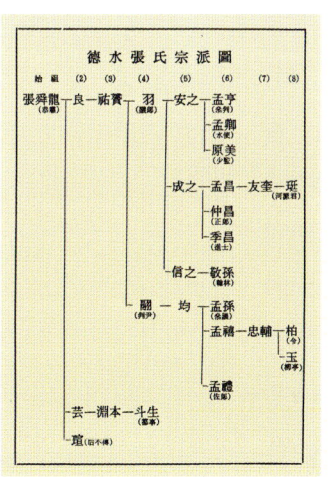

덕수 장씨 종파도

고려의 품에 안긴 이 귀화인들은 정착이나 귀화의 경위야 어떻든 간에 고려인들과 동고동락하면서 고려사회를 함께 일구어나갔다. 그들에 의해 새로운 문물이 들어와 고려사회의 면모는 더 다채로워졌다. 그들은 원래가 외국인이었기 때문에 외국사정에 밝아서 외교사절에 기용되는 경우가 많았고, 외교문서의 작성이나 외국어교육에도 종사했다. 고종 때 귀화한 동여진인 주한(周漢)에 의해 여진소자(女眞小字, 여진문자는 대자와 소자 2종인데 소자가 더 유행)를 가르치는 이른바 '소자지학(小字之學)'이 생겨났고, 귀화한 수만 명의 거란 포로 중에는 의관 제작과 토목기술에 뛰어난 자들이 1할이나 있었는데, 그들이 만든 의상과 기물은 전래의 질박함을 잃게 할 정도로 화려하고 정교했다고 한다. 오늘날까지도 말총으로 의관을 만드는 기술은 유목민 출신인 이 귀화 거란인들이 남긴 유산이다. 또 고려의 의약과 악무에 상당히 기여한 귀화인들도 다수 있었다.

특히 건국 초기에는 문신들이 절대적으로 부족하여 조정에서는 중국계 지식인들을 적극 유치해서는 적재적소에 기용했다. 그 대표적인 일례가 중국 후주(後周)의 쌍기(雙冀)다. 그는 일찍이 과거에 급제해 지방과 중앙의 사법관청에서 봉직하면서 후주의 개혁에도 참여한 경험이 있는 인물이다. 그는 956년 후주에 간 고려사신 설문우(薛文遇)를 따라 고려에 와서 신병 때문에 체류하다가 귀화했다. 그를 만나본 광종(光宗)은 후주의 허락을 받고 그를 원보한림학사(元甫翰林學士)에 임명했다. 그의 아버지도 아들이 광종의 총애를 받는다는 소식을 듣고 고려사신을 따라 고려에 와서 좌승(佐丞)이 되었다.

광종은 쌍기의 건의에 따라 사상 처음으로 과거제도를 도입했으며, 그를 연거푸 3번이나 이 과거제도를 총관하는 지공거(知貢擧)에 임명했다. 물론 고려 전기에 유수의 귀화인들을 가려 관직에 등용했지만, 그것은 어디까지나 수요에 의한 선발이었지 사대적인 무분별한 남용은 아니었다. 광종은 중국계 귀화인을 지나치게 우대한다는 비난을 받았지만, 그 자신은 '불러보고 뜻에 맞는' 자만을 골라서 기용했던 것이다. 사실상 쌍기 같은 몇몇 사람을 제외하고는 처음부터 5품 이상의 품계나 고위관직에 기용한 예는 없다. 대부분 나라를 위해 얼마나 봉사했는가 엄선해 승진시켰으며, 이렇게 해서

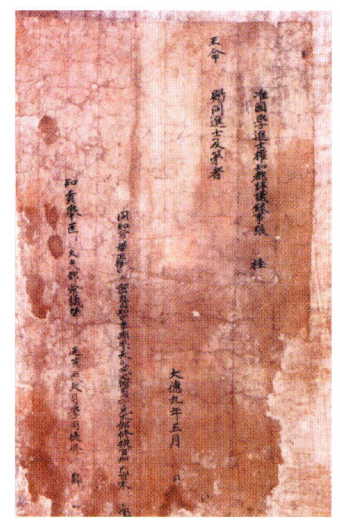

홍패 ● 1305년(충렬왕 31년) 인동 장씨의 시조인 장계(張桂)의 과거급제를 인정해준 홍패. 보물 501호.

이름을 날린 귀화인들이 『고려사』 「열전」에는 10명이 올라 있다.

앞서 말했듯, 고려시대에 귀화현상이 그 어느 시대보다도 성행한 것은 고려가 적극적인 귀화인 수용책을 편 결과다. 고려는 '내자불거(來者不拒)', 즉 '오는 자는 거절하지 않는다'는 적극적인 수용원칙을 견지했는데, 그 궁극적인 목적은 인재를 비롯한 인력의 확보에 있었다. 고려는 건국 초기부터 북진정책과 북방개척에 필요한 국방인력을 확충하기 위해 발해유민과 여진계 귀화인들을 받아들이고, 외교나 문반(文班)에 필요한 지식인들을 유치했다. 특히 후기에 와서는 대몽전쟁으로 인해 인구부족(『송사』「고려전」에는 고려 인구를 230만 명으로 추산)이 심화되자, 외국에 잡혀갔거나 외국으로 흘러간 유민들을 데려오는 이른바 '추쇄(推刷)'정책을 실시했다. 이러한 유민들과 함께 귀화인에 대해서는 반드시 호적에 편입시키고 성(姓)을 하사했다. 성을 하사할 때는 관직을 제수하고 작위를 주었으며 식읍을 함께 내리기도 했다.

그러면서 고려는 귀화인들을 안착시키기 위한 일련의 사회적 시책도 적극 강구했다. 우선 그들에게 일괄적으로 주택과 전답, 미곡과 의복, 기물과 가축 등을 나누어 주었다. 그러다가 고려 말엽에 와서는 토지제도가 문란해지면서 토지가 부족해지자 투화전(投化田)이란 명목으로 전답 사여를 제한했다. 투화전은 생전에 경작하되 죽으면 국가에 반납하며, 관직을 맡거나 다른 전답을 소유할 경우는 가질 수 없게 규제했다. 그 밖에 일반 귀화인들은 안전을 고려해 대체로 국경지대에서 멀리 떨어진 곳에 정착시켰으며, 범법자인 경우도 '남계수로(南界水路)', 즉 남방의 섬 지방에 유배하도록 하는 등 귀화인에 대해서는 배려와 함께 주도세밀한 관리조처도 취했다.

흔히들 우리 겨레는 '한핏줄'이라고 말한다. 그러나 성씨 가운에서 절반 가까이가 외부에서 들어온 귀화성이라는 사실을 감안할 때, 결코 그렇지만은 않다. 혈통을 따질 때, 우리들 중 순혈과 혼혈의 비중이 어느 정도인지는 밝혀진 바가 없으나, 분명한 것은 귀화에 의한 혼혈이 만만찮은 비중이라는 점이다. 그래서 아마 100여 년 전 『고요한 아침의 나라 조선』(1895)의 저자인 푸른 눈의 쌔비지-랜도어(A. H. Savage-Landor)의 눈에 조선은 다민족의 혼혈사회로 비쳤나보다. 그런데도 우리가 군이 '한핏줄'이라고 말하는 것은 대대로 포용성과 융합성이 남달리 강한 한민족(韓民族)의 '용광로' 속에서 귀화인들을 '용해'시켜 적어도 생활문화나 의식구조에서는 동질성을 확보했기 때문일 것이다. 많은 나라들이 우리와 경우가 비슷하지만, 다민족화를 방치한 나머지 전근대적 민족갈등을 빚고 있는 사정을 감안할 때, 우리는 우리 겨레의 역사에 자부를 느끼지 않을 수 없다. 이것은 주체적 구심력이 강할 때만 인간을 포함한 외래의 문물을 순기능적으로 수용할 수 있다는 진리를 다시 한 번 실감케 한다.

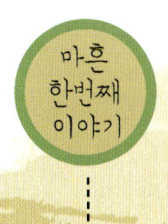

마흔
한번째
이야기

조선은 닫힌 나라였는가

흔히들 조선시대를 멍들게 한 병폐의 하나로 '쇄국(鎖國)'을 꼽는다. '쇄국'으로 인해 나라가 근대화를 이루지 못하고 급기야 망국을 자초하고 말았다는 것이다. 그렇다면 이러한 논리가 제대로의 역사인식에 바탕을 둔 정론일까. 이를테면 조선은 빗장을 걸어 잠근 닫힌 나라였는가. 겨레의 비상을 앞둔 이 싯점에서 한 번쯤 되돌아볼 일이다.

사실 조선조의 쇄국논리를 실사구시하게 따져보면, 내적으로는 주로 19세기 후반 대원군이 주창한 쇄국정책에, 외적으로는 그 무렵 서양인들의 뇌리에 각인된 이른바 '은둔국관'에 그 근거를 두고 있으며, 그것이 일제의 식민사관과 우리의 옳지 못한 자학적(自虐的) 역사관에 의해 부지불식간에 굳어져버린 것이다. 이러한 논리는 나무만 보고 숲을 보지 못한 편단이며, 무지에서 비롯된 옳지 못한 견해이기도 하다.

한 왕조치고 유례가 드물게 519년(1392~1910)이란 긴 수명을 누린 조선조 전체를 조감하면, 비록 이런저런 우여곡절은 있었지만, 조선은 자신이 갖고 있는 내재적이며 자율적인 힘에 의해 바야흐로 정치·경제·문화·사회의 각 방면에서 근대화라는 정상적인 궤를 따라 전진하고 있었다. 그러다가 후기에 이르러 신흥 서구세력과 후발(後發) 일본의 도전에 직면해 이러한 궤도가 가로막히게 되자, 대원군은 임기응변책으로 쇄국정책을 택했던 것이다. 18세기부터 이른바 이양선(異樣船)이라고 하는 서양함선들이 탐험이니 측량이니 하는 구실을 붙여 한반도 연해에 수시로 출몰하면서 개항과 통상을 강요하고, 19세기 전반에는 중국에서 아편전쟁을 계기로 영국과 프랑스가 뻬이징을 강점하며, 북방에서는 러시아가 연해주 일대로 영토를 확장하는 등 외압이 도를 더해갔다.

한편, 이러한 서세(西勢)의 동점과 때를 맞추어 스며드는 서양의 천주교는 전통 유교사상이나 종교신앙에 반하는 일종의 폐단으로 간주되었다. 그리하여 대원군이 서양세력의 침투에 대한 우선 대응으로 천주교 박해책을 강구했는데, 그 결과 이를 구실로 프랑스함대가 강화에 침입한 병인양요(1866)가 발생했다. 이어 미국 상선 제너럴셔먼호(General Sherman)가 대동강으로 몰래 거슬러 올라가다가 저지

이양선 ● 1866년 7월 대동강을 거슬러 올라가다가 저지당한 미국 상선 제너럴셔먼호(원명은 프린세스 로열호), 80톤급 증기범선, 25명 승선.

흥선대원군 ● 10년간 쇄국정책을 주도한 흥선대원군 이하응.

척화비 ● 양이(서양오랑캐)와의 화의를 반대하는 내용을 적은 비석.

당하자 아시아함대 소속의 군함을 급파한 신미양요(1871)가 일어났다. 여기에다가 무지막지한 독일상인 오페르트(E. J. Oppert)가 고종 5년(1868)에 세번째로 조선에 와서 충청도 아산만에 상륙하여 덕산에 있는 대원군의 부친인 남연군(南延君)의 무덤을 도굴하는 만행까지 겹치다보니, 대원군으로서는 서양을 불신하고 경계하지 않을 수가 없었다.

두 차례의 양요를 격퇴한 대원군은 서양에 대한 자신감을 얻어 쇄국정책을 더욱 강화하게 된다. 이 무렵 일본도 서양문물을 수용해 메이지유신을 단행하고 나서는 주제넘게 조선에게 통상수교를 요청하자 대원군은 서양을 배척하는 척양(斥洋)과 똑같은 명분으로 척왜(斥倭)를 표방한다. 그러면서 그는 양이(洋夷, 서양오랑캐)와의 화의를 반대하는 「척화교서(斥和敎書)」를 반포하고 서울의 종로와 전

국의 요소에 "서양오랑캐가 침범함에 싸우지 않음은 곧 화의하는 것이요, 화의를 주장함은 곧 나라를 파는 것이다〔洋夷侵犯 非戰則和 主和賣國〕"라는 실로 전의에 불타는 내용의 척화비(斥和碑)를 세워 호국의 쇄국정책 의지를 더욱 가다듬는다.

이러한 대외적인 쇄국정책과 더불어 왕권을 강화하고 혼탁한 정국을 수습하기 위해 대원군이 단행한 일련의 국내개혁정책은 일정한 실효를 거두었지만, 유림을 비롯한 정적들의 반발과 대내외 개화세력들의 압력에 의해 그는 하야하고 만다. 섭성으로 시삭된 그의 쇄국

정책은 10년(1863~1873)이란 단명으로 끝난다. 그 후로는 양이와 왜이의 내침이 빈번해지고, 갑신정변(1884)이나 갑오개혁(1894), 광무개혁(1897, 대한제국 선포) 같은 일련의 개화운동이 전개됨에 따라 쇄국정책은 더 이상 지탱되지 못하고 막을 내린다. 이렇게 보면 '쇄국'은 한순간의 요동일 뿐, 조선의 전 시대를 갈무리한 것은 결코 아니었다.

강화도 초지진을 점령한 미군에게 포로로 잡힌 조선병사들

더욱이 이 '요동기'를 포함해 조선조 전 기간에 걸쳐 간단없이 전개된 대외활동이나 교류상을 감안하면, '쇄국'이란 일시적 몸부림에 불과했음이 자명해진다. 조선은 건국 초기부터 이웃인 명나라와는 전통적인 사대교린정책(事大交隣政策)을 계승해 내왕이 빈번했다. 초기에는 해마다 사신을 7회나 파견하다가 점차 횟수가 감소되기는 했지만, 병자호란 때(1636)까지 242년간 총 186회나 사신을 파견했고 명나라도 정상적으로 사신을 보내왔다. 정치·외교관계뿐만 아니라 사신을 통한 공무역이나 사무역 및 밀무역 등 경제·문화교류도 활발했다. 여진과는 북방국경지대에 교역장을 개설하고 서울에는 북평관(北平館)을 세워 사신들을 맞아 교역을 진행했다. 심지어 여진인들을 받아들여 왕궁을 지키는 시위로까지 기용했다.

일본에 대해서도 상당히 개방적이었다. 세종 연간에는 해마다 일본으로부터 200여 척의 배가 들어왔고 약 5,500명이나 다녀갔다. 그러다가 쯔시마(對馬)주의 간청을 받아들여 내이포(乃而浦, 현 웅천), 부산포(富山浦, 현 동래), 염포(鹽浦, 현 울산)의 3포를 11대 중종(中宗, 1506~1544) 때까지 개항하고 일본인들의 거주를 허용했다. 이에 자극

이양선(서양선박) 출몰지도

● 이양선이 나타났던 곳

청

러시아(1903) ─ 용암포
미국(1866) ─ 신미도

셔먼호 사건, 미국(1866) ─ 평양

영국(1832) ─ 몽금포
미국(1866)

병인양요, 프랑스(1866) ─ 강화도
신미양요, 미국(1871) ─ 인천
운요오호 사건, 일본(1875)
독일(1868)
오페르트 도굴 사건, 독일(1868) ─ 덕산

프랑스(1846) ─ 외연도

프랑스(1847, 1852) ─ 고군산군도

영국(1866) ─ 영암

영국(1885) ─ 거문도

프랑스(1851) ─ 제주도
영국(1840, 1845)

단천 ─ ?(1848)
이원 ─ ?(1849)
북청 ─ ?(1848)
함흥 ─ 영국(1897)

원산 ─ 영국(1797)
    러시아(1854)
    일본(1875)
통천 ─ 미국(1855)

프랑스(1787)
영국(1855)
울릉도

울진 ─ ?(1850)

조선

부산 ─ 미국(1852)
    영국(1855, 1860)
    프랑스(1855)
    일본(1875)

일본

ⓒ신동천

일본에 간 조선통신사

을 받은 류우뀨우(琉球)의 중산왕(中山王)은 국서를 보내 신하로 자칭하기까지 한다. 임진왜란 직후에는 일본 측의 요청에 의해 통신사를 파견(1604~1811년 사이에 13회)하고 일본인들의 내왕무역을 허용하는 을유조약(1609)을 체결하기도 한다. 그 밖에 일찍이 없었던 동남아시아와의 내왕이나 교류도 트였는데, 그곳으로부터는 각종 약재와 향료, 염료 등을 수입했다. 특기할 것은 임진왜란 때 명나라 군대에 소속된 오늘의 타이나 인도 사람들이 성주(星州) 지방에서 조선군과 어깨를 겯고 왜군과 싸웠다는 사실이다.

이러한 활발한 대외교섭과 더불어 조선은 건국 이래 '쇄국기'를 포함한 전 기간에 걸쳐 시종 외국과 폭넓은 교류를 펼쳐왔다. 세종을 비롯한 몇몇 성군들의 선정과 중국을 내왕하던 사신들의 노력, 그리고 여러 선각자들의 혜안에 의해 세계에 대한 새로운 인식이 싹트면서 서역과 서양의 선진문물이 적극 받아들여져 근대화의 기틀이 마련되기에 이른다. 이 점을 감안해서라도 조선은 결코 닫힌 나라가 아니었고 열린 나라였음을 알 수 있다. 다만 그 열림이 순탄치 않아서 때로는 넓게, 때로는 좁게, 그런가 하면 일순(10년)의 닫힘도 있었다. 그러나 문명은 모방성이라는 근본속성을 지니고 있기 때문에 그 교류에 '쇄국' 같은 인위적 차단은 있을 수 없다.

이럴진대 일본의 근대화 전야인 에도(江戶)시대 264년(1603~1867) 가운데서 무려 241년간(1612~1853)이나 지속된 일본 토꾸가와막부(德川幕府)의 지독한 쇄국정책에 견주어 마치 그것이 조선 '쇄국'의 전철인 양 말하고 있는데, 이것은 무지의 소치로서 그야말로 어불성설이다. 토꾸가와막부가 추구한 쇄국정책의 핵심은 기독교의 금지와 막부의 무역독점이다. 토꾸가와 이에야스(德川家康)는 처음엔 무역을 촉진하기 위해 기독교를 묵인했으나, 그 신자가 70만 명에 달하자 위협을 느껴 1612년에 에도, 쿄오또(京都), 나가사끼(長崎) 등 직할도시에서의 기독교활동 금지령을 내리고 교회를 파괴했다.

이어 법령을 제정해 선교사나 신자들을 해외로 추방하거나 학살했다. 동시에 독점조합을 만들고 도항허가증을 발급하며 무역항을 축소하는 등 국내외인들의 무역활동을 통제·제한하는 조처를 취하고, 심지어 뽀르뚜갈인들을 추방하고 스페인과는 국교까지 단절한다. 막부의 쇄국대상에는 네덜란드나 뽀르뚜갈 외에 중국이나 조선, 류우뀨우까지도 포함되었다. 막부는 조선의 수교사신이나 통신사를 마지못해 받아들이면서 그들의 도일(渡日)을 마치 일본에 대한 조선의

'조공'행사인 양 비하하는 오만도 서슴지 않았다. 토꾸가와막부의 쇄국은 1853년 미국의 페리(M. C. Perry)가 4척의 군함을 이끌고 쳐들어와 이듬해 미일화친조약을 체결할 때까지 장장 2세기 반 동안이나 지속되었다.

이러다보니 일본은 선진문물을 수용하는 데서 조선보다 한발 늦곤 했다. 조선에서는 1402년에 가장 뛰어난 세계지도의 하나로 손꼽히는 「혼일강리역대국도지도(混一疆理歷代國都之圖)」를 완성했는데, 일본은 그보다 무려 390년 뒤(1792)에야 재중 선교사인 마떼오 리치(Matteo Ricci)가 그린 지도를 본떠 처음으로 「곤여전도(坤輿全圖)」라는 세계지도를 만들어냈으며, 조선은 세종 때 벌써 원나라와 명나라, 그리고 회회(回回, 이슬람)의 역법들을 참고해 조선식 역법인 『칠정산내편(七政算內篇)』과 『칠정산외편』을 편찬한 데 비해 일본은 1684년에야 회회역법에 준한 『죠오꾜오력(貞亨曆)』을 만들어 근 200년 동안 사용했다. 세계지리서의 경우도 이수광(李睟光)의 『지봉유설(芝峰類說)』(1614)은 일본 니시까와 죠껜(西川如見)의 『카이쯔으쇼오꼬오(華夷通商考)』(1695)보다 80여 년이나 앞선다.

우리 스스로가 조선을 '쇄국'이라고 오해하는 것이 일종의 자학적 역사인식이라면, 서구가 우리더러 '은자의 나라'라고 하는 것은 무지의 소치이거나 작위적 오도일 것이다. 어느 것이든 사람들의 뇌리에 조선을 '쇄국'으로 오인시켰다는 지탄에서는 자유로울 수 없을 것이다. 조선을 가리켜 '은자의 나라'라는, 이름 아닌 이름을 붙인 사람은 미국의 동양학자이자 목사인 그리피스(W. E. Griffis)다. 그는 일본문화에 매료되어 연구를 시작했는데, 한국의 역사와 문화를 모르고는 일본문화를 제대로 이해할 수 없음을 깨닫고 1871년 조선에 왔다. 이것저것 신기한 것을 보고 돌아가서 『은자의 나라 한국』(1882)이란 책을 써냈다. 이 책은 전 3부 53장으로 되어 있는데, 제1부는 고대·중세사를, 제2부는 문화사 일반을, 제3부는 근·현대사를 다루고 있다. 그는 대한제국의 멸망을 필연으로 보면서, 조선을 세상을 모르고 세상에 알려지지도 않은 호젓하고 닫힌 '은자의 나라'라고 못 박았다. 이색적인 서양 식기들로 가득한 식탁을 조선의 '잔칫상'이라고 그린 책 속의 삽화만큼이나 그의 조선관은 우스꽝스럽다.

조선의 잔칫상? ● 그리피스의 책에 나오는 '조선의 잔칫상' 삽화.

당쟁을 한국인의 고질적 '민족성'이라고 냉소하면서, 조선시대의 큰 병폐 때문에 나라가 망해 결국 한일합방을 할 수밖에 없었다고 강변하는 일제식민사학의 해악을 갈파하고 있는 오늘, 같은 맥락에서 또 다른 병폐라고 꼬집는 이른바 '쇄국'에 대해 재고를 요청하고, 조선은 '닫힌 나라'가 아니라 '열린 나라'였다고 항변한들, 과연 그것이 무리일까.

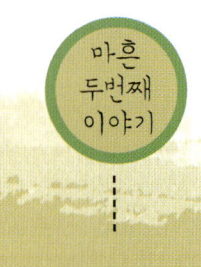

조선인의 눈에 비친
세계

500년 조선조는 말엽에 와서 외세의 시달림을 받다가 끝내 일제의 강
점으로 망국이란 비운을 맞다보니 마냥 파행만을 거듭해온 뒤처진
나라로 비쳐왔다. 그러나 분명한 것은 여느 선진국과 마찬가지로 조
선도 시종 내재적이며 자율적인 힘에 의해 근대화의 고지를 향해 한
걸음 한 걸음 올라가고 있었다는 사실이다. 그러한 힘의 중요한 정신
적 원천은 독창적인 우주관과 탈중화적(脫中華的)이며 개방적인 세

계관에 있었다.

조선인들은 서양의 근대적인 천문지리 지식을 동양의 전통 우주론으로 재해석하거나 서로를 조화시키는 지혜를 발휘했다. 동양에서 우주구조론이 거론되기 시작한 것은 일찍이 기원전 2~3세기 무렵이다. 하늘은 둥글고 땅은 네모난 평면으로서 서로가 8만 리 거리로 마주하고 있다는 이른바 '천원지방(天圓地方)'이 최초의 우주관이며, 이것을 '개천설(蓋天說)'이라고 한다. 그러다가 달걀껍데기가 노른자를 감싸고 있는 것처럼, 공 모양의 하늘이 땅을 둘러싸고 있다는 '혼천설(渾天說)'이 나왔는데, 이 설에 의하면 하늘은 알껍데기처럼 땅을 감싸고 평면인 땅은 물 위에 떠 있으며 태양이 낮에 땅 위를 지나다가 밤에는 물속에 잠긴다는 것이다. 조선시대에 천문관찰 기구였던 혼천의의 원리는 바로 이 '혼천설'에서 비롯된 것이다.

그러나 이러한 '혼천설'에 입각한 우주관은 서양의 근대적 천문지리가 소개되고 유입되면서 신이한 철학적 해석으로 치장된다. 일찍이 3번이나 중국에 사행하면서 중국에 들어온 서양문물에 감응한 지봉 이수광은 한국 최초의 백과사전이라고 하는 『지봉유설』(1614)에서 땅은 네모난 것이 아니라 둥글다는 '지원설(地圓說)'을 주장한다. 2세기 후 성리학자이며 과학자인 혜강(惠崗) 최한기(崔漢綺)는 명저 『지구전요(地球典要)』(1857)에서 기철학에 바탕한 독창적인 '조선식 우주론'을 제시한다. 그는 재중 선교사들의 저서들을 통해 꼬뻬르니꾸스의 태양중심설과 뉴턴의 만유인력 법칙을 접하고는 그에 수긍한다. 그러나 그 원리에 대한 해석은 전혀 다르다.

최한기는 『신기통(神氣通)』(1836)과 『성기운화(星氣運化)』

(1867) 같은 철학서에서 천체운동과 우주현상에 대한 자신의 기철학을 피력한다. 그에 따르면 모든 천체는 둘레에 지구의 대기권과 같은 공기층인 기륜(氣輪)이 있어 항상 서로 작용한다는 것이다. 그는 플라스크 안의 공기가 차가워지면 수축하고 더워지면 팽창한다는 사실을 기가 모이고 흩어지는 운동으로 설명한다. 또한 몸이 온기와 한기를 느끼는 것도, 몸속의 기와 외부의 기가 소통할 수 있고 기가

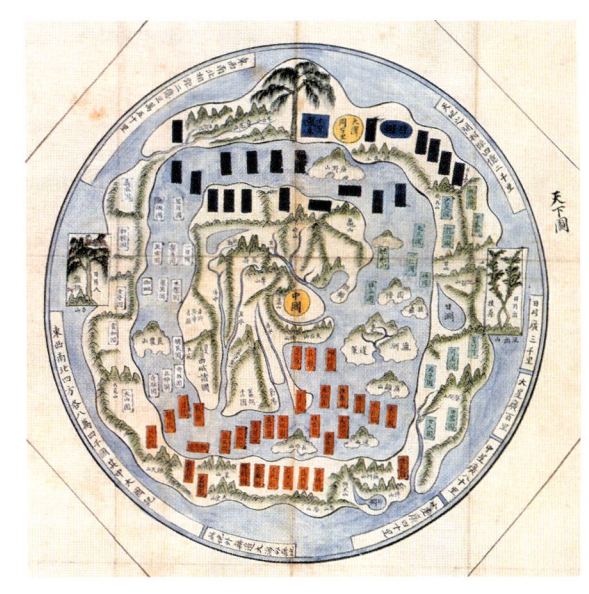

「천하도」

우주 내에서 끊임없이 운동하고 변화하는 증거라고 주장한다. 방 안에 앉아서 동쪽 창문을 닫으면 서쪽 창문이 열리는 것도 기가 방 안에 가득 차서 서로 부딪치기 때문이며, 호박(琥珀)과 지푸라기 사이에 정전기가 일어 끌어당기는 현상, 자석이 서로 밀고 당기는 현상도 기가 교감하기 때문에 생기는 일로 파악한다. 그는 서양과학을 역수학(曆數學, 천문학과 지구과학), 물류학(物類學, 박물학), 기용학(器用學, 과학일반)의 3가지로 분류했는데, 이러한 과학을 배우는 것은 기를 인식하고 기를 변통하기 위해서라고 한다. 이를테면 자연과학을 세상에 존재하는 기의 운동과 성질을 탐구하는 도구로 간주한 것이다.

최한기는 한국인으로서는 최초로 꼬뻬르니꾸스의 태양중심설에 입각해 자전과 공전의 의미를 이해한 사람이다. 그는 중국에 온 선교사 브누아(M. Benoit, 중국명 장우인 蔣友仁)의 『지구도설(地球圖說)』(1767)을 통해 꼬뻬르니꾸스의 이론을 접한 후 그것을 이해하고 수용한다.

그는 1860년대에 윌리엄 허셜(W. Herschel)의 『천문학개론』을 한문으로 번역한 『담천(談天)』을 통해 뉴턴의 만유인력법칙을 접한다. 그리고 이 책을 토대로 지은 『성기운화』에서 천체운동에 관한 독창적인 이론을 제시한다. 즉 '인간으로부터 우주에까지 일관되게 관철되는 기의 운동'이라는 기철학적 설명으로 우주의 모든 운동을 설명하려한 것이다. 그는 뉴턴의 만유인력법칙이 우주의 운동현상을 적시하고는 있지만 그 원인은 제대로 밝혀내지 못했다고 지적하면서, 중력의 작용은 천체를 둘러싸고 있는 기륜이 서로 영향을 주고받으면서 생기는 것이며, 지구에 아침저녁이 생기는 것은 지구와 달의 기륜이 서로 접촉하고 작용하는 증거라고 주장한다. 그는 빛, 소리, 온도 같은 물리현상에 관한 서양의 과학지식을 소개하면서 그것을 자신의 기철학을 세우는 과학적 기초로 삼고 있다. 그는 또한 흙, 물, 불, 공기로 우주의 변화를 설명한 아리스토텔레스의 '4원소설'을 부정하면서 우주에 있는 근원적인 기가 변해 흙, 물, 불, 공기가 된 것이므로 이 4원소를 근본물질로 볼 수는 없다고 통박한다. 이렇듯 그는 서양의 과학지식을 만물의 근원인 기의 운동이나 성질을 설명하는 논리로 활용한다.

이러한 독창적인 우주관과 더불어 조선인들은 고질적인 중화주의의 좁은 울타리를 벗어나 넓은 세계로 눈을 돌리는 거시적 세계관을 가지고 있었다. 이러한 세계관은 그들이 써낸 지리서나 만들어낸 세계지도에서 뚜렷이 나타나고 있다. 몇 년 전 미국 컬럼비아대학의 한국어과 교수인 레드야드(Gari Ledyard)가 펴낸 『지도학의 역사』란 책은 표지로 조선 초에 제작된 「혼일강리역대국도지도」를 선정했다. 이유는 당시의 세계지도로는 가장 뛰어나기 때문이다. 이 지도는 좌정

혼일강리역대국도지도 • 152×
122cm / 1402년.

승과 우정승 등 고관대작들과 학자들의 공동참여하에 중국과 한국, 일본과 아랍에서 출간된 여러 지도들을 참고하여 국가사업으로 만들어낸, 당시로서는 가장 우수한 세계세도였다.

　이 지도의 중요한 특징은 세상을 문명세계인 '중화'와 오랑캐세계인 '이(夷)'로 나누는 이른바 '화이관(華夷觀)'에서 출발해 중국을 중심에 놓고 그 주변에 몇 개 나라를 배치하던 종래의 중화주의적 지리관에서 탈피하고 조선의 '심리적 크기'를 강조한 것이다. 물론 중국을 가운데 크게 배치한 점으로 보아 중화주의사상에서 완전히 벗어난 것은 아니지만, 그 서쪽에 유럽과 아랍 및 아프리카를 그려 넣고 100여 개의 유럽지명과 약 35개의 아프리카지명을 기재하고 있는데, 이것은 당시로서는 대단한 일이다. 이 지도에는 우리나라가 일본보다 4배 정도 크게 그려져 있다. 그 밖에 지중해가 바다 아닌 강으로 표시된다든가, 인도차이나의 여러 나라들이 바다 위의 섬으로 되어 있다든가 하는 오류도 발견된다.

이러한 경향은 이수광의 『지봉유설』이나 최한기의 『지구전요』에서 더욱 두드러지게 나타나며, 구당(矩堂) 유길준(兪吉濬)의 『서유견문(西遊見聞)』(1895)에서는 개화사상으로 굳어진다. 임진왜란과 정유왜란, 정묘호란, 그리고 남·북인 간의 갈등 등 혼란이 심해서 많은 사람들이 중국만 바라보면서 사대를 일삼던 시대에 이수광은 과감하게 중화의 굴레를 벗어던지고 새로운 세계를 향해 시야를 넓혔다. 총 10책 20권으로 된 『지봉유설』에서는 천문, 지리, 경서, 문자, 언어, 복식, 심지어 곤충 같은 인문지리나 자연과학의 세세한 부문까지 설명할 뿐만 아니라, 안남(베트남), 섬라(타이), 자바, 말라카, 불랑기(佛狼機, 뽀르뚜갈), 영결리(永結利, 영국) 등 여러 나라들에 관해서도 소개하고 있다. 총 3,435항목에 거론되는 인명만도 2,265명에 이르니, 그 규모를 가히 짐작할 수가 있다. 같은 시대의 학자인 남창(南窓) 김현성(金玄成)은 이 책을 평가해 "마치 귀머거리에게 세 귀가 생기고, 장님에게 네 눈이 얻어짐과 같아 탄복하지 않을 수 없다"고 했다.

우리 겨레사에서 가장 뛰어난 학사 중 한 분인 최한기는 평생을 생

유길준의 『서유견문』

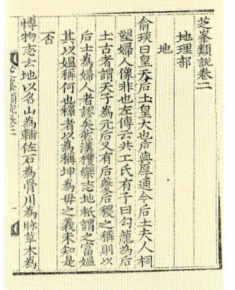

이수광의 『지봉유설』 권 2, 『지리부』

유길준의 여행경로
→ 해로   → 육로
● 유길준이 경유한 도시

원이라는 하찮은 양반으로 지내면서 오로지 학문에만 잠심몰두해서 1,000여 권의 책(남아 있는 것은 『명남루전집 明南樓全集』을 비롯한 120권뿐)을 지었다. 조선에 들어오는 중국 서적은 먼저 그의 손을 거쳐야 했을 정도로 그는 새로운 학문과 책에 열중했다. 책값이 비싸다고 푸념하는 한 지인에게 그는 "책을 지은 사람을 만나기 위해서는 천 리라도 불구하고 찾아가야 하지만, 지금 이 책으로 나는 아무 수고도 하지

최한기의 「지구전후도」 ● 42 × 88cm / 1834년.

않고 가만히 앉아서 그를 만날 수 있으니, 식량을 싸가지고 먼 여행을 떠나는 것보다는 훨씬 낫지 않겠는가"라고 일깨워준다. 그의 독창적인 우주관과 세계관을 집약한 『지구전요』는 총 7책 13권으로서 우주구조와 지구상의 인문지리 현상에 관해 서술하고 있다. 특히 후반부에서는 아시아, 유럽, 아프리카, 남북아메리카의 6대주 5대양에 관해 총론을 펴고, 그 밑에는 매 주에 속한 각 지방과 국가의 강역, 풍

대 서 양

세일럼 ⑩

시카고 ⑥

⑨ 보스턴

⑧ 뉴욕

워싱턴 ⑦

⑤ 샌프란시스코

태 평 양

©신동천

유길준의 여행경로

토, 물산, 생활, 상공업, 정치, 재정, 왕실, 관직제도, 예절, 형벌, 교육, 풍속, 병제 등에 관해 상세히 기술하고 있다. 그 밖에 최한기는 중국인 장정부(莊廷敷)가 만든 양반구형 세계지도를 들여다가 지인인 김정호(金正浩)더러 나무판에 새기도록 했는데, 그것이 10도 간격으로 경도와 위도가, 그리고 적도를 중심으로 남북극선과 남북회귀선이 표시된 유명한 「지구전후도(地球前後圖)」다.

근대화를 향한 잉태 속에서 이수광과 최한기가 그 주춧돌을 놓은 새로운 세계관의 바통을 넘겨받은 유길준은 개화의 산고 속에서 그것을 다져나갔다. 최초의 일본유학생이자 미국유학생이기도 한 개화운동가 유길준은 미국에서 돌아오는 길에 유럽을 순방하고 나서 국한문혼용체로 된 여행견문기 『서유견문』을 투옥 등의 우여곡절 끝에 집필 10년 만에 출간했다. 총 20편으로 구성된 이 책의 내용은 크게 여행기록과 서양문물에 대한 소개, 그리고 개화사상의 전개 등 세 부분으로 나눠진다. 내용의 대부분은 세계지리와 서양문물의 소개지만, 그 행간에는 개화사상이 관류하고 있다. 따라서 그가 이 책을 쓴 목적은 근대화로의 전환을 촉진하기 위한 방편으로서 개화사상을 고취하는 데 있었다. 그래서 비록 저자 자신은 이 책이 "영원히 전해지기를 바라고 쓴 것이 아니라, 일시적인 신문지 대용품으로나 이바지하고자 한 것"이라고

겸허하게 말하지만, 그것을 훨씬 넘어 개화사상의 '교본'이라는 높은 평가를 받기에 충분하다.

새로운 넓은 세계로 향한 이들의 우주관이나 세계관을 살펴보면, 모두가 새로운 것을 통째로 삼키는 것이 아니라 비판적으로, 그리고 실정에 맞게 유익한 것만을 받아들여야 한다고 주장하는 공통점을 발견하게 된다. 다들 서양의 선진문물에 매료되어 그것을 적극 받아들이고 있지만, 동양적인 전통사상을 가지고 새롭게 해석하려 한다. 유길준의 경우 서양의 것을 너무 긍정하는 편향이 없지는 않지만, 그는 개화를 하는 데서 외국문화를 자국의 실정에 맞추어 수용하고 소화하여 자국의 우수한 문화도 계승해야 하고 정치제도의 선택도 자유에 맡겨야 함을 지적하고 있으며, 국가평등주의를 특별히 강조하기도 한다. 그는 "나라 위에 나라가 없고, 나라 아래 나라가 없다"고 하면서 아무리 약소국의 군주라고 하더라도 강대국의 군주와 동등한 예를 주고받아야 하며, 강대국에서 파견된 사신이 약소국의 국왕과 대등한 행동을 하는 것은 잘못된 행위라고 비판한다.

우리 겨레의 역사에서 세계에 대한 앎을 추구하고 세계와 삶을 더불어하는 세계정신은 한국의 첫 세계인인 신라시대의 혜초로부터 발

원된 후 고려시대의 온축기를 거쳐 조선시대에 와서 '세계화 서적'을 줄줄이 펴낸 지봉 이수광과 혜강 최한기, 구당 유길준으로 맥이 이어졌으며, 오늘은 또 수많은 새내기 '세계인'에 의해 더 알차게 영글어 가고 있다. 이 세계정신이야말로 미래를 향한 우리 겨레의 비상을 가능케 하는 정신적 자양분인 것이다.

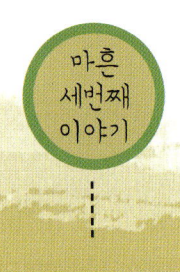

조선의
서학 수용

한·중·일 동양 3국의 근대화는 이른바 '서학'의 수용과 밀접한 상관
속에서 진행되었다. 일반적으로 서학이란 서구의 근대화한 문명을
수용하고 연구하는 학문적 활동을 일컫는 말인데, 그 내용은 크게 '이
적(理的)' 측면인 사상과 종교, '기적(器的)' 측면인 과학과 기술의
두 영역을 포괄하고 있으며, 명칭에서는 한국과 중국은 '서학'으로,
일본은 '란가꾸(蘭學)'로 좀 다르게 부르고 있다. 조선 서학의 경우,

청나라를 통해 들어온 한화(漢化)된 구라파문명이란 뜻에서 '청구 (淸歐)문명'이라고도 한다. 큰 흐름에서 보면 서학은 동서 간에 주고 받는 교류로서 그 전파와 수용은 이질 문명 간의 성공적인 융합현상 이다.

동양 3국은 근대화와 서구에 대한 대응을 위한 방편으로서 공히 서 학을 수용한 점에서는 역사의 궤를 같이했지만, 그들이 처한 역사적 환경이 서로 다르기 때문에 서학에 대한 수용태도라든가 서학이 3국 의 근대화에 미친 영향은 서로가 사뭇 다르다. 이러한 현상은 한 · 일 양국의 서학수용에서 극명하게 드러난다. 흔히들 조선의 서학수용을 가리켜 '동도서기(東道西器)', 즉 우리의 전통적인 제도와 사상은 지 키면서 근대서구의 과학기술을 받아들인다고 하며, 일본의 란가꾸수 용은 일본의 정신 위에 서구의 유용한 것을 가져와 사용한다는 '화혼 양재(和魂洋才)'로 표현한다. 그런가 하면 중국의 경우는 중국 학문을 바탕으로 하여 서구 학문을 받아들인다는 의미에서 '중체서용(中體西用)'이란 말을 쓴다. 용어는 달라도 뜻은 그것이 그것이다. 여기서 '동도'나 '화혼' '중체'는 '이적' 측면을, '서기'나 '양재' '서용'은 '기적' 측면을 염두에 둔 낱말들이다. 여기서의 공통된 난제는 서학을 받아들이면서 어떻게 전통을 지키고 계승하는가 하는, 이를테면 전통과 근대의 조화 문제다.

17세기를 전후해 밀려온 서세동점(西勢東漸)의 거센 파랑은 조선이나 일본에 다 같이 크나큰 문명적 충격으로 다가왔다. 이 충격에 맞선 대응은 수용과 배격이라는 상반된 모습으로 전개되는데, 그 구체상은 서학의 수용에서 나타나고 있다. 17세기 초부터 조선에서 간간이 선을 보이기 시작한 서학은 중국의 명·청에서 도입되는 한역서학서와 서양문물에 대한 학문적 연구와 실천으로 점차 자리매김되어 갔다. 뻬이징에 파견된 조선사신들은 재중 서양선교사들과의 호기심 어린 접촉을 통해 처음으로 서양세계와 접하게 되면서 신이한 서양의 과학기술에 매료되어 관련 한역자료들을 자진해 구해가지고 귀국한다. 1603년 소산(小山) 이광정(李光庭)이 재중 선교사 마떼오 리치(Matteo Ricci, 중국명 이마두利瑪竇)가 제작한 한역 세계지도를 가져온 것이 그 단초이며, 심지어 청나라에 인질로 잡혀갔던 소현세자(昭顯世子)도 귀국할 때(1644) 친분을 가졌던 샴(Adam Sham) 신부로부터 여러 점의 서학서와 천주상을 선물로 받아가지고 돌아온다. 사신들은 서양선교사들이 살고 있는 뻬이징 사천주당(四天主堂)이나 그들의 기술제공기관인 흠천감(欽天監)과 산학관(算學館)을 방문하기도 한다.

이렇게 약 150년간에 걸친 뻬이징 사행을 통해 서서히 전래된 서구

문명의 소산 가운데는 화포나 천리경, 자명종, 천문관측의기, 역산법
등 근대적인 과학기술 문물과 정보, 그리고 한역된 각종 세계지도와

지리서 같은 서학서가 포함되어 있다.

이러한 새로운 과학문명의 도입은 기술을 일
종의 '잡기(雜技)'로 깔보며 중화적 세계관에
물들어 있던 조선의 유교사회에 커다란 자극을 주었
으며, 급기야 근대 서구와의 만남이 이루어지게 되었다. 그리고 이
만남은 마침내 조선 후기에 이르러 실학자들이 선도한 조선의 서학
을 낳는다. 요컨대 조선의 서학은 일본처럼 외래의 서구인들이나 국
가권력의 개입 등 타율에 의해 받아들여진 것이 아니라, 조선인들 자
신의 자율적 노력에 의해 받아들인 것이다.

천리경 ● 18세기.

이에 비해 일본의 란가꾸는 조선의 서학과는 다른 길로 그 입지를
마련해갔다. 1543년 뽀르뚜갈 상선의 우연한 표착이 계기가 되어 서
양문물이 처음으로 알려지면서 일본인들은 구교국(舊敎國)들인 뽀르
뚜갈과 스페인계의 서양학을 '난반가꾸(南蠻學)'라 불렀다. 그러다가
약 80년이 지나서 실행된 토꾸가와(德川) 정권의 쇄국정책에 의해 이

16세기 전반 일본에 도착한 뽀
르뚜갈 상선 ● 남만병풍 중의
풍속화.

두 나라와의 교섭이 일절 금지되고, 대신 1641년 신교국인 화란(和蘭, 네덜란드)만이 나가사끼(長岐)에 상관을 개설하는 것이 허용되면서 이제 '난반가꾸'는 '화란의 학문'이라는 '란가꾸'로 탈바꿈한다. 란가꾸가 발생지 나가사끼에서 수도 에도(江戸, 현 토오꾜오)로 확산되면서 1774년 처음으로 인체해부학서인 『카이따이신쇼(解體新書)』가 일어로 번역되었는데, 학계에서는 이 책의 번역을 '본격적인 란가꾸의 탄생'으로 보고 있다. 이렇듯 란가꾸는 조선의 서학과는 달리, 애초부터 국가의 간여와 통제 속에 외래 서양인들에 의해 전해진다. 이렇게 보면, 일본 난반가꾸의 발단은 조선의 서학 도입에 비해 약 60년 앞섰지만, 학문으로서의 란가꾸는 조선에 서학이 정착할 무렵(18세기 중엽)에야 비로소 뒤늦게 탄생한 셈이다. 그 원인은 서학에 대한 두 나라의 대응책이 달랐기 때문이다.

18세기 중엽에 이르면 조선에서 서학서는 선비들이 유불제가(儒佛諸家)의 경서처럼 서재에 꽂아놓고 읽는 필독서로 되고, 다산(茶山)의 회고처럼 청년학도들이 서양서를 탐독하는 것이 하나의 '기풍(氣風, 유행)'일 정도로 서학은 널리 유포되고 있었다. 그만큼 서학 연구가 심도를 더해가면서, 서학에 대한 대응책도 전면 배격과 전면 수용, 그리고 '기적' 측면만 수용하고 '이적' 측면은 배격하는 이원적 대응 등 3가지로 갈라졌다. 이러한 분파에 앞서 서학의 조사라고 하는 성호(星湖) 이익(李瀷, 1681~1763)은 서학의 과학기술 영역에 관해서는 다각적인 검토를 가해 그 선진성을 이해하고 중화주의적 지리관으로부터 탈피하려고 시도했다. 그러나 서학의 윤리·종교 영역에 대해서는 기독교가 유교의 상제사상과 상통하는 점이 있음을 인정하면서도 지옥설 같은 일련의 부조리를 잉태하고 있다면서 배척했다.

『성호사설』 ● 성호 이익의 목판본 문집.

서학의 개조 격인 이익의 사상을 기조로 해서 서학계에서는 대응을 놓고 논의가 분분했는데, 순암(順菴) 안정복(安鼎福, 1712~1791)을 비롯한 배격파는 서학의 수용을 전면 거부하면서 서학을 연구는 하되, 그것은 받아들이기 위한 것이 아니라 전통적으로 올바른 학문인 유학을 보위하기 위해서라고 주장한다. 이에 반해 다산 정약용(丁若鏞, 1762~1836)을 비롯한 남인계 학자들은 서학의 '이적' 측면이건 '기적' 측면이건 간에 다 수용할 것을 설파한다. 다산은 서교(西敎), 즉 천주교에 입교했다가 정조의 명을 받고 스스로 멀리하겠다는 「자벽서(自闢書)」까지 지었지만, 바깥은 유교고 속은 예수교라는 '외유내야(外儒內耶)'의 평을 받을 정도로 서교

조선 서학의 거장 정약용의 동상 ● 서울 남산도서관 앞.

와의 인연은 끊지 못했다. 그에게 이보다 더 중요한 것은 나라를 부강하게 하고 백성을 유족하게 만드는 이용후생(利用厚生)을 위해 서학에서 실용적인 기예(技藝)인 과학기술을 탐구·터득하는 것이었다. 수원성 축조공사 때(1796) 거중기(擧重機)를 발명해 돈 4만 냥을 절약한 것은 그 본보기다.

이상의 두 파와는 달리 북학파(北學派)는 서학의 수용에 이중 잣대를 들이댄다. 조선 최초의 근대적 과학자라고 하는 담헌(湛軒) 홍대용(洪大容, 1731~1783)은 서학 속의 천주학에 대해서는 여러 가지 이유를 들어 일축하나, 수학과 천문학을 비롯한 과학기술에 대해서만큼은 탄복하면서 수용을 권장한다. 연암(燕巖) 박지원(朴趾源, 1737~1805)은 "진실로 국민을 위해 유익한 것이라면 비록 그 법이 오랑캐에게

수원성 축조 때 정약용이 창안한 거중기

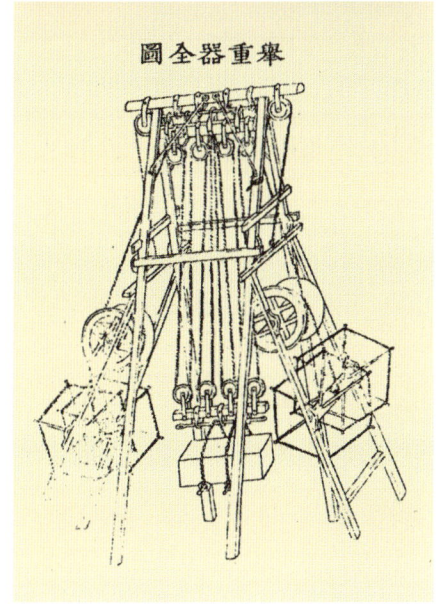

圖全器重擧

서 나온 것이라 해도 취해야 한다"고 실용성을 강조한다.

이같이 조선의 서학자들은 전통과 근대의 갈림길에서 서학에 대한 심층적인 연구와 논쟁을 통해 그 이해를 심화시켜나간다. 그 과정에서 정도의 차이는 있으나 모두가 서구 과학기술의 선진성을 인식하고, 그 도입과 활용을 주장한다. 심지어 전통적인 유교사상과 배치되는 서구의 종교에 대해서도 진지한 탐구를 거쳐 비록 일부이기는 하지만 신앙적 수용에까지 이름으로써 드디어 조선에서 천주교가 정착된다. 세상에서 서양종교가 자율적으로 수용된 것은 조선조뿐이라는 사실은 조선인들의 뛰어난 문명수용성과 자정능력을 말해준다.

이에 비해 일본의 란가꾸는 화란어의 습득과 화란서의 독파로부터 막을 연 나가사끼란가꾸시대를 거쳐 18세기 말엽에 에도란가꾸시대를 맞으면서 란가꾸의 학문적 연구가 본격화된다. 소총을 비롯한 화기를 도입하면서 병학이 생겨나고, 총상 치료를 위해 '코오모오(紅毛, 화란)의학'이 도입되며, 각종 천문학서적이 출간된다. 조선의 서학과는 달리 일본의 란가꾸는 장장 2세기 반 동안의 가혹한 쇄국정책에 묶여버린 나머지 그 속의 서양종교는 구교건 신교건 간에 모두가 시종 엄금되어 일본에 발붙일 여지가 없었으며, 오로지 과학기술의 수용만이 허용되었다. 물론 일본의 국가적 과학기술 일변도 정책이 메이지유신으로 대변되는 근대화의 성공에 크게 이바지했다는 사실은 부정할 수가 없다.

이렇게 양양자득하던 조선의 서학은 종당에 근대화란 과녁을 꿰뚫지 못한 채 시들고 말았다. 기술을 잡기로, 통상을 천박한 모리 행위로 경시하는 봉건지배층은 보수적 유교사상에 물들어 다름을 기피하는 벽이정신(闢異精神)에 경도되다보니 서학수용을 국가적 시책으로 추진하지 못했을뿐더러, 대원군이 결행한 10년 쇄국정책은 비록 임기응변적 일시적 조처였지만 바야흐로 무르익어가던 서학에 일시 찬물을 끼얹은 꼴이 되고 말았다. 그리고 서학의 수용과 그 실천은 250여 년이란 긴 세월에 걸쳐 흥행했지만, 그 흥행은 어디까지나 일부 실학 엘리트들에게만 한했을 뿐, 근대적 국민교육의 결여로 인해 광범위하게 국민들 속에 뿌리내리지 못했다. 그 결과 급진 서학파들을 핵심으로 개화당이 일으킨 갑신정변(1884) 같은 근대화운동은 3일천하로 끝날 수밖에 없었다. 게다가 일본을 비롯한 외세의 간섭과 강점은 서학을 밑동째 잘라버렸다. 그러나 조선 서학의 불씨가 영영 꺼진 것은 아니었다. 조선 서학의 성쇠사는 우리에게 너무나 소중한 역사적 교훈을 귀감으로 남겨주고 있다.

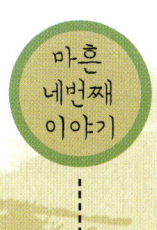

넉넉하고 질박한
조선자기

일본의 고도(古都) 쿄오또오(京都)에 있는 타이또꾸사(大德寺)의 코호오암(孤蓬庵)이란 암자에는 일본의 일급국보인 '키자에몬 이도(喜左衛門 井戶)'라는 다구 한 점이 다섯 겹의 상자 속에 겹겹이 싸여 몰래 보관되어 있다. 그것을 한 번 직접 보는 데는 우리 돈으로 300만원(2000년 현재)을 호가한다고 한다. 알고 보면 놀랍게도 이 일본의 대명물은 우리나라 경상도 해안지대에서 서민들이 만들어 새것일 때는 밥그릇으로 쓰다가 허름해지면 막걸리 잔으로나 굴리다가 아무 데나 내버린 막사발이다. 막사발이란 말 그대로 흙을 뭉텅 떼어서 대충 빚어 유약통에 텀벙 담갔다가 그냥 꺼내 말린 사발이다. 손으로 마구 빚다보니 무늬도 별로 없고 색조도 누르무레하며 그릇 모양도 엉성하다.

일본의 세계적 동양미술학자인 야나기 무네요시(柳宗悦)는 1931년 어렵사리 이 막사발 보물을 직접 보고서는 크게 감탄한다. "몇 푼 안 되던 물건이 만금으로 바뀐" 이 막사발이야말로 "미에 대한 철학과 생활의 축소판"으로서 그 아름다움은 "솔직한 것, 자연스러운 것, 무심한 것, 사치스럽지 않은 것, 과장이 없는 것"에 있다고 하면서, 일본의 다기가 조선의 그것에 미치지 못하는 것은 "아름다움을 작위적으로 만들어내려 하기 때문"이라고 고백한다. 바로 여기에 이 보물만이 갖는 "우리라든가, 나의 것 등을 초월한 세계"의 보편성이 있으며, 그래서 그것이 "천하의 대명물"일 수밖에 없다는 점을 그는 거듭 강조한다. 이러한 미의식이 일본 특유의 차문화와 어울리면서 조선막사발을 성(城) 하나와 맞바꾸는 일본 최고의 진품으로 둔갑하게 했을 뿐만 아니라, 조선자기 전반에 대한 일본인들의 부러움을 불러일으켰다. 실제로 임진왜란을 전후해 일본사람들이 일본과 가까운 경상도 해안지대에서 가져간 막사발은 대략 200개쯤 되며, 그중 일급보물만 3점, 중요문화재로 등록된 것도 20여 점이나 된다.

어찌 보면 이 막사발은 우리네 도자문화의 세계사적 위상을 보여주기도 한다. 독창적인 고려청자에 이어 조선시대에도 분청사기(粉靑沙器)와 백자(白磁)라는 또 다른 빼어난 자기로 세계도자사에 우뚝

키자에몬 이도 다완 ● 일본의 일급국보로 지정된 막사발. 지름 15.5cm / 16세기.

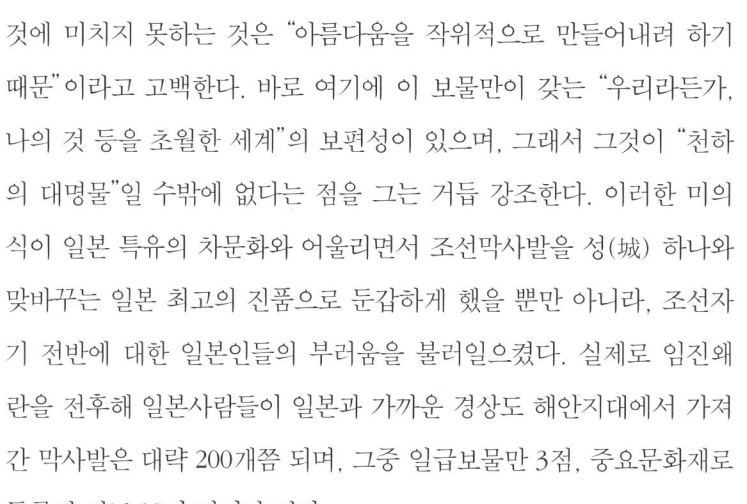

(왼쪽 위부터 시계방향으로)
백자철화 포도무늬 항아리 ● 조선백자 최고 명품 중의 하나로 꼽힌다. 높이 53.8cm / 18세기 전반.

분청사기 철화 물고기무늬병 ● 높이 38cm / 15~16세기.

백자청화 동채 연꽃무늬 항아리 ● 연꽃 그림은 단원 김홍도가 그린 것으로 알려져 있다. 높이 44.6cm / 18세기 후반 / 일본 오오사까시립동양도자미술관 소장.

분청사기 박지 모란무늬 항아리 ● 높이 45cm / 15세기.

섰다. 고려 말 몽골의 내침에다 왜구들의 부단한 소요로 인해 해변에서 50리 밖으로 사람들을 내쫓다보니, 강진이나 부안 같은 곳에 있던 주요 청자가마들은 문을 닫고 도공들도 뿔뿔이 흩어지고 만다. 그리하여 일세를 풍미하던 고려청자는 세태에 밀려 사양길에 접어든다. 그러나 조선시대에 들어와서 분청사기라는 새로운 자기에 의해 그 맥이 다시 되살아난다.

각지에 흩어졌던 도공들이 다시 모여 청자를 만들기 시작하지만, 고려청자 때처럼 국가가 지원해주는 것이 아니어서 제작여건이 좋지 않다보니 소재나 질이 떨어질 수밖에 없다. 특히 빛깔이 푸른빛이 아니라 회색이나 누런색이다 보니 청자맛이 통 나지 않는다. 이런 칙칙한 빛깔을 감싸기 위해 상감(象嵌)할 때 쓰던 백토로 하얗게 분장을 한다. 흡사 늙은이가 젊어 보이려고 얼굴에 분을 두껍게 칠하는 것과 같다. 그래서 붙여진 이름이 분장회청사기(粉粧灰靑沙器)인데, 줄여서 '분청사기'라고 한다. 이렇게 분청사기는 고려시대의 상감청자가 퇴화하면서 생긴 자기로서 중국을 포함해 그 어디에도 없는 우리만의 독창적인 자기다.

분청사기는 관요(官窯, 관아에서 운영하던 가마)가 아니라 민요(民窯, 개인 가마)에서 구워내는 자기로서 그 형태나 기법이 다양해 자유로운 민간적 분위기가 가득한 것이 특색이다. 이것은 세계공예사상 매우 드문 일이다. 공예는 대체로 유한층의 수요나 취미의 산물로서 발달하나 분청사기만은 각 지방의 도공들이 제 나름대로 개발한 방식에 따라 창의적으로 만들어낸 것이다. 이를테면 조형의 자유를 만끽한 서민공예로서 현대미술에도 좌표가 될 만하다. 20세기 도자공예의 거장이라고 하는 영국의 버나드 리치(B. H. Leach)는 미국의 유명한

알프레드도자대학에서 연설하면서 현대도예가 나아갈 길은 조선시대의 분청사기가 이미 다 제시했는바, 자신들은 그것을 목표로 해서 나아가야 한다고 역설했다. 그는 저서 『동서를 넘어서』에서도 이러한 주장을 펴고 있다. 한국 도자기의 아름다움에 매료된 그는 1936년 덕수궁에서 개인전을 열기까지 했다.

조선시대 또 하나의 자랑은 백자다. 조선 초기 전국에는 무려 324개의 도자기 제작소가 있었다. 그중 국가에 납품할 수 있는 양질의 자기를 만들어내는 곳은 4곳뿐이었다. 그리하여 경복궁 내 부엌일을 맡아보는 사옹원(司饔院)이 서울에서 가까운 경기도 광주에 분원을 차려놓고 질 좋은 백자를 본격적으로 만들어내기 시작했다. 그 결과 15세기 후반부터는 청화백자 위주의 중국백자와는 사뭇 다른 조선 특유의 백자를 만드는 길에 들어선다. 백자는 순백색의 바탕흙 위에 투명한 유약을 씌워서 구워내는 자기로서 조선시대 자기의 주류를 이룬다. 백자는 무늬나 물감의 종류에 따라 순백자와, 코발트안료로 무늬를 그린 다음 백색유약을 씌우는 청화백자, 산화철안료로 무늬를 그린 다음 백색유약을 씌우는 철회(鐵繪)백자, 산화동 채색안료인 진사로 그림을 그린 후 백색유약을 입히는 진사백자(辰砂白磁) 등 몇 가지로 나뉜다.

조선백자는 시기별로 특색을 보이면서 우아한 자기변신을 거듭해왔다. 비록 얼마간 중국 청화백자 기법의 영향을 받기는 했으나, 빛깔이나 조형에서 중국의 것을 훨씬

백자청화 망우대명 잔받침 ●
지름 16cm / 16세기.

능가하는 조선식 세련미를 보이면서 발달했다. 천하의 명품이라고
하는 '백자청화 망우대(忘憂臺)명 잔받침'에는 청초한 들국화와 벌
한 마리가 아주 서정적으로 그려져 있고, 잔이 놓이는 한가운데에
는 '망우대'라는 글씨가 씌어 있다. 이 받침대에 올려놓은 술잔을
드는 순간 '근심을 잊어버리는 받침대'라는 글귀를 읽게 되니,
얼마나 풍류가 흐르는 멋진 구사인가.

조선백자의 기발함을 말해주는 예로 '백자철화 끈무늬
병'과 '백자 달항아리'를 들 수 있다. 일명 '넥타이병'이라
고도 하는 '백자철화 끈무늬병'은 조선백자 중에서도 대
표작으로 꼽히는 명품으로 기형은 소탈한 가운데 안정감
이 있고 병목에서부터 노끈무늬를 그린 유머와 여유로 조
선의 넉넉함을 느끼게 한다. 그리고 수동식 물레로는 '백자 달
항아리'처럼 큰 항아리를 만들어낼 수가 없다. 중국이나 일본, 유럽의
도자기 중에는 조선의 달항아리만큼이나 큰 자기항아리가 없다. 하
지만 조선의 도공들은 커다란 대접 2개를 서로 잇대어 둥그스름한
큰 그릇을 만들어냈다. 그릇 가운데에 이은 자국선이 있는데, 그 선
은 컴퍼스로 돌린 딱딱한 기하학적 원이 아니라 자연스러우면서도
넉넉한 둥근 자국이다. 때로는 기우뚱한 것도 있지만, 도공들은 그것
마저도 아름다움으로 승화시켰다. 너그러움의 형태미와 어진 선맛,
따뜻한 흰색에서 오는 정감이 한데 어울려 있다. 그래서 누군가는 이
항아리를 보면 부잣집 맏며느리를 보는 것처럼 넉넉함을 느낀다고
했다.

이러한 넉넉함과 질박함은 우리나라 도자문화의 전통이다. 미술
사학자 김원룡(金元龍)은 중국도자기가 장대하고 완벽하게 잘 차린

백자철화 끈무늬병 ● 가운데 끈
무늬 때문에 일명 '넥타이병'이
라고도 불린다. 높이 31.4cm /
16세기.

백자 달항아리 ● 넉넉하고도 고고한 아름다움이 잘 표현되어 있다. 높이 42.5cm / 18세기 전반.

경극배우 같다면, 일본도자기는 화려하게 꾸민 기생 같고, 한국도자기는 수수하게 차린 가정부라고 했다. 그럴듯한 익살스러운 비교다. 바꾸어 말하면, 중국도자기는 다양하고 완벽한 모습을, 일본도자기는 화려한 색깔로 꾸민 모습을, 한국도자기는 무던하고 소박한 모습을 각각의 특색으로 하고 있다는 것이다.

우리나라는 9세기부터 17세기까지는 중국과 더불어 세계도자문화를 주도해나갔다. 그러다가 우리의 도자문화를 본뜬 일본이 이 세계적 도자의 흐름에 합류하고 18세기에는 유럽이 다시 끼어들면서 도자의 세계화가 시작되었다. 그러나 그 주역은 여전히 동양이었으며, 그 한복판에 조선이 서 있었다. 그렇지만 돌이켜보면, 도자사에서 중국과 어깨를 나란히 하고 일본보다는 앞서 간 우리의 도자문화가 교류를 바탕으로 한 세계화에서 성가에 걸맞지 않은 부진을 보인 것은 실로 역사의 아이러니다. 그러한 부진의 주원인은 상업(교역)을 경시하는 유교양반문화와 공교로운 쇄국관문정책의 폐단에 있었다. 그럼에도 불구하고 우리는 세계도자문화에 대한 우리 도자문화의 기여를 무시하거나 과소평가해서는 안 될 것이다. 왜냐하면 적어도 이웃 일본을 통한 간접적 기여는 확연하기 때문이다.

일본은 임진왜란(1592) 전까지만 해도 고작 도기나 제작하는 수준에 머물러 있었으며, 그 주산지는 세또(瀨戶)를 비롯한 혼슈(本州)였다.

그러다가 '도자기 전쟁'이라고까지 일컫는 임란을 계기로 조선도공들이 끌려간 후 일본의 도자기 중심은 한반도에 가까운 큐우슈우(九州) 지역으로 옮겨졌으며, 그 수준은 도기에서 자기로 갑자기 격상되어 도자기의 판도가 완전히 바뀌었다. 일본에 끌려간 아리따(有田) 지역의 이삼평(李參平)가와 사쯔마(薩摩) 지역의 심수관(沈壽官)가 등 6대 조선도공 가문에 의해 일본에서는 처음으로 한때 유럽 도자기시장을 석권하다시피 한 아리따야끼(有田燒)와 사쯔마야끼 같은 일본백자가 만들어지게 되었다. 조선도공들에 의해 일본에서 백자제작에 한창 붐이 일어나고 있을 때, 도자기 종주국 중국은 명·청 교체기의 전란에 휩싸여 유럽으로의 도자기 수출을 중단하지 않을 수 없었다. 이 사실을 일본에 귀띔해준 사람들이 바로 일본을 드나들던 네덜란드 상인들이다. 호기에 눈이 번뜩 뜨인 일본인들은 도자기 생산을 가속화해 유럽시장에 전격 진출함으로써 19세기에는 드디어 유럽에서 자포니즘(Japonism, 일본풍)의 돌풍을 일으켰다.

일본에 있는 이삼평 비 ● 비문에는 "도자기의 시조[陶祖] 이삼평의 비"라고 쓰어 있다.

우리는 이렇게 우수한 도자문화의 전통을 가지고 있으면서도 한때 우리보다 뒤처졌던 사람들도 해온 일들을 미처 따라잡지 못했다. 그것은 우리만의 울타리 안에서 맴돌다보니 우리의 도자문화를 보편화·세계화시키지 못한 탓이다. 단언컨대, 자포니즘 도자기의 어디엔가는 조선백자의 흔적이 묻어 있을 것이다. 다만 우리가 등한시하다보니 발견하지 못했을 따름이다. 우리가 그것을 발견했을 때, 우리는 세계에 대고 우리의 도자문화가 유럽에 영향을 미쳤다고 당당히 말할 수 있을 것이다.

모란무늬 항아리 ● 조선도공들에 의해 개발된 일본 아리따 가마의 이로에 있는 모란무늬 항아리. 높이 42.1cm / 17세기 후반.

이제 우리는 자신을 세계사적 지평에 올려놓고 우리가

194

가졌던 것과 갖지 못했던 것을 반듯하게 가려내면서 이어가야 할 것은 또한 무엇인가 깊이 사색해봐야 할 것이다.

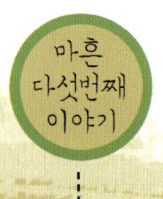

서양인이 본 조선

남들과 어우러져 사는 세상에서 서로를 아는 것은 어울리기 위한 전
제다. 일찍이 조선시대에 서세동점의 거센 흐름을 타고 우리 곁에 다
가온 서양인들은 의도야 어떻든 간에 우리와 어우러져 살기 위해 자
신들의 눈으로 우리를 보고, 자신들의 사고로 우리를 이해하려고 했
다. 그래서 그들 나름대로 보고 이해한 것을 적어놓은 기록들이 남아
있다. 그중에는 우리의 좋은 것을 북돋아주고 모자람을 타일러주는

것이 있는가 하면, 억지나 왜곡 같은 것들이 있기도 하다. 그러나 우리에게는 모두가 '자기성찰'의 거울이 된다.

　서양인들이 조선에 관해 쓴 최초의 글은, 일본에서 선교활동을 하다가 임진왜란 때 왜군을 따라 남해안의 웅천항(熊川港)에 들어와 포교를 시도하다가 되돌아간 스페인 선교사 세스뻬데스(Gregorio de Cespedes)가 현지에서 보낸 4통의 서간문이 실린『선교사들의 이야기』(1601)란 책이다. 그 뒤 제주도에 표착해 13년간 억류되었다가 구사일생으로 탈출한 네덜란드의 하멜(Hendrick Hamel)이 일명『하멜 표류기』(1668)란 견문기를 써내 조선을 서양에 알렸다. 그러나 서양에 대한 조선의 엄격한 경계 때문에 서양인들은 조선에 함부로 범접할 수 없었다. 그래서 하멜 이후 한 세기 남짓 서양인들은 조선 근방에 얼씬도 하지 못한다. 그러다 보니 그들은 중국이나 일본에 관해 쓴 책 속에서 가끔 어깨너머로나 바라본 조선에 관해 몇

하멜의 표류 ● 하멜 일행이 제주도에 상륙하는 모습을 묘사한 판화.

토막씩 언급하는 게 고작이었다. 이러한 단편적인 기록들이 19세기 중엽까지 약 250년 동안 여남은 책 나왔다.

　그러나 19세기 후반에 이르러 닫혔던 문이 열리게 되자 '은자의 나라' 조선에 대한 서양의 관심과 연구는 폭발적으로 급증하며, 이에 수반해 조선에 관한 서양서적의 출간도 일시에 몇 배로 도약한다. 이 기간에『하멜 표류기』와 함께 조선 관련 3대 역작이라고 하는 달레(C. C Dallet)의『조선교회사』(1874)와 그리피스(W. E. Griffis)의『은자의 나라 한국』(1882)이 각각 출간된다. 그 후 조선에 대한 국제적 관심이 더욱 높아짐에 따라 한국 전반에 관한 각종 서적의 출간은 계

속 상승일로를 걷고 있다. 1920년대를 고
비로 17세기 초부터 1940년대 말까지 약
350년 동안 나온 한국 관련 서양서적은 약
400종으로 추산된다.

　서양인들이 남겨놓은 이 모든 기록 속에
서 우리는 근대와 선진을 자처하던 그들
이 조선을 과연 어떻게 보고 이해했는가
를 읽을 수가 있다. 각계각층 사람들이 서
로 다른 필요와 인식을 가지고 정치·경

제·문화·사회 등 여러 분야에 걸쳐 나름대로의 이해를 토로했기 때
문에 내용이 방대함은 물론, 시각이나 지적 수준도 천차만별이다.

　19세기 후반까지만 해도 조선에 관한 서양인들의 지식은 어이없을
정도로 일천했다. 조선을 네 차례나 방문하고 나서 『한국과 그 이웃
나라들』(1897)이란 책을 쓴 영국의 여성여행가이자 지리학자인 비숍
(I. B. Bishop)이 조선으로 떠날 때 사람들은 '꼬레아'가 적도나 지중
해, 흑해의 어디에 있다고들 했다. 그런가 하면 그 무렵 조선에는 꼬
리가 1미터나 되는 닭, 우수한 모피와 종이, 아름다운 도자기, 인삼이
라는 영약, 풍부한 해산물이 있다는 소문이 미국사람들에게 들려왔
다. 또한 옷을 장식할 정도로 금이 흔하고, 묘에는 호화로운 부장품
을 함께 묻는다는 소문도 파다했다. 모두가 서구인들의 귀를 쫑긋하
게 만들었다. 이렇듯 비몽사몽간에 '안개 속의 땅' 조선에 들어선 서
양인들의 눈에는 조선이 그야말로 낯설고 신비로운 고장이었다.

　조선의 자연환경에 대한 서양인들의 이미지는 대체로 긍정적이다.
기후는 온화하고 토지는 비옥하여 농업에 유리하고, 유용한 수산자

원이나 광물자원이 풍부하다. 그러나 제대로 개발해 활용하고 있지 못하다는 것이 그들의 일치된 평가다. "한국은 가난한 국가가 아니다. …… 그러나 불행하게도 한국국민의 잠재된 에너지는 거의 사용되고 있지 않다"는 것이 비숍의 지적이다.

모두가 서구의 근대정치에 훈육된 내방자들이라서 조선의 전근대적 정치행태에 대해서는 신랄한 일침을 놓는다. 가장 큰 병폐로는 지배층의 학정과 무능을 들고 있다. 헤이그 만국평화회의 때 고종의 밀사로 파견된 바 있는 『대한제국멸망사』(1906)의 저자 헐버트(H. B. Hulbert)는 지배층의 관직매매와 횡령 등 부패와 타락이야말로 한국인의 뛰어난 능력과 발전 잠재력의 발현을 가로막는 최대의 장애물이라고 못 박는다. 영국의 대표적 일간지인 『타임즈』도 조선의 "양반들은 개혁을 부패나 직권남용 같은 자신들의 공인된 권리의 상실"로, "자신들의 삶의 양식을 빼앗아가는 악"으로 간주한다고 논평한다 (1897. 9. 17). 100년 전 서양인들의 푸른 눈에 굴절 없이 반사된 조선정치의 참상은 오늘의 우리에게 경종으로 들려온다. 나약한 조선의

지배층은 외세에 대한 대항에도 너무나 소극적이고 허무맹랑했다. 서양인들은 배에서 바라본 조선의 해안풍경이 너무나도 황량해 도무지 올라가보고 싶은 마음이 들지 않았다고 회고한다. 그것은 왜구와 서양오랑캐의 욕심을 불러일으키지 않기 위해 밤이면 해안의 불빛을 가리며 해안을 황폐화시키고 섬에서 주민들을 철수시키는 이른바 공도(空島)정책을 폈기 때문이다. 연안으로 다니는 선박 말고는 대양을 항해할 수 있는 대형함선의 축조도 법으로 금지했다. 심지어 서구인들이 금을 탐낸다고 해서 금 채굴을 아예 왕명으로 금지시킨 것도 그 일례다.

우리는 흔히 이른바 당쟁을 조선을 일그러지게 한 2대 병폐의 하나로 꼽으면서 마치 조선 특유의 고질병인 양 간주해왔다. 그러나 이에 대한 『은자의 나라 한국』의 저자 그리피스의 평가는 시사하는 바가 크다. 그는 당쟁에 해악이 있다면 그것은 원초적으로 정치라는 행태에서 빚어지는 것이지, 결코 조선의 정치에서만 유별나게 나타나는 현상은 아니라고 설명한다. 오히려 반역과 패륜이 난무하는 서구의 정치사에 비하면 조선의 당쟁은 그래도 나름의 도덕성과 게임의 규칙이 있다고 판단한다. 조선인이나 조선조의 체질에서 당쟁은 불가

피하다는 자해적 식민사관을 자성케 하는 대목이다.

조선인들의 성정(性情)이나 생활관습은 언제 어디서나 이방에서 온 서양인들의 호기심을 불러일으켰다. 조선인들의 건전한 도덕과 따뜻한 인정은 서양인들에게 깊은 인상을 남겼음을 곳곳에서 찾아볼 수 있다. 한반도를 8년간 12번이나 여행하고 『한영대사전』을 편찬해 우리나라 영어교육에 큰 족적을 남긴 캐나다 출신의 선교사 게일(J. S. Gale)은 저서 『전환기의 조선』(1909)에서 한국인은 정직해서 신뢰할 수 있고, 신용을 중시하며 문서가 아니라 구두로 한 약속도 철저히 지키는 등 서양인보다 더 훌륭하다는 호평을 내린다. 다블뤼(Antonio Daveluy)는 저서 『조선사 입문을 위한 노트』(1860)에서 조선인들의 상부상조 정신에 크게 감동하면서, 서구인들의 "근대적 이기주의에 대해 증오와 가증스러움"을 느낀다고 자괴의 심정을 털어놓는다.

그런가하면 두 번이나 조선을 찾은 영국의 화가 쌔비지-랜도어(A. H. Savage-Landor)나 헐버트 같은 이들은 조선인들의 교육열과 언어습득능력은 중국인이나 일본인들을 뛰어넘는다면서, "말귀를 알아듣는 총명함"이나 "신속한 이해력과 추론력"에 대한 놀라움을 털어놓는다.

그런가 하면 조선인들의 성정이나 관습에 배어 있는 부정적 측면에 대해서도 가차 없는 지적과 질타를 가하고 있다. 물론 개중에는 터무니없는 왜곡이나 비하도 있다. 그들이 자주 제시하는 조선인들의 부정적 이미지는 나태와 무기력, 불결과 사치 따위다. 이것 말고도 까다로움이나 탐욕, 수다스러움, 폭식과 폭음, 느슨한 시간과 수량 개념을 흠으로 잡는 이들도 있다. 미국대통령 시어도어 루즈벨트의 친

구로서 그의 한국관 형성에 큰 영향을 미친 케넌(George Kennan)은 저서 『나태한 나라 한국』(1905)에서 조선인을 나태하고 무기력하며, 몸도 옷도 불결하고 아둔하며, 매우 무식하고 선천적으로 게으른 민족이라고 악평을 늘어놓는다. 그러나 헐버트 같은 이는 케넌류의 악평은 식객노릇이나 하면서 서울거리를 배회하는 건달들에게나 해당되는 말일 뿐, 그런 계층은 서구에도 얼마든지 있다고 통박한다. 당초 게으름을 조선인의 기질로 여겨오던 비숍은 러시아나 만주에 이주한 조선인들의 근면하고 번영하는 모습을 보고 나서는 자신의 오판을 후회하면서 조선사람은 '밖에 나가면 더 잘사는 민족'이라는 체험적 결론을 내린다.

서구인들이 조선에 와서 가장 연민을 느낀 것은 여성들의 삶이다. 이런 삶을 가장 적나라하고 세심하게 묘사한 사람은 같은 여성인 비숍이다. 사회적 멸시와 남존여비에서 오는 비애와 절망, 힘든 노동, 병, 사랑 부족, 은둔 등이 그녀를 자극한 조선여성상이다. 그녀는 남자들의 방탕한 외도와 축첩을 놓고 조선사람들에게는 "집(house)은

조선의 여인

있으나 가정(home)은 없으며" 조선의 딸들은 "아버지에 의해 처형되며 아내는 남편에 의해 살해된다"는 끔찍한 표현마저도 마다하지 않는다. 그녀는 또한 부부 사이에 우정 같은 관계나 애정표현 같은 것은 없으며 남자는 첩이나 기생을 통해서만 즐거움을 얻는다고 하면서, "우리는 아내와 결혼하지만 첩과 사랑을 나눈다"고 한 한 양반의 표현을 빌려 조선사회의 결혼관계를 요약하기도 한다. 그런데 이러한 포괄적인 견해와는 달리, 남존여비는 하층사회에나 있는 악습이라고 주장한 이도 있었다. 『서울풍물지』(1892)의 저자 길모어(G. W. Gilmore) 목사는 상류사회의 가정에서는 남편이 아내에게 반드시 경어를 쓰고 하대(下待)하지 않으며 특히 안방마님의 존엄성은 절대적이어서 한 가문의 영광이나 몰락은 그녀에게 달려 있을 정도로 그 존재는 막강하다고 지적한다. 그러면서 그는 여성이 비천한 대접을 받는 것은 주로 하층계급에서나 볼 수 있는 일이지 조선사회의 보편적 현상은 아니라고 덧붙인다.

조선에 대한 서양인들의 이해나 이미지는 이토록 다르다. 이러한 편차는 근원적으로 보면, 동양에 대한 서양의 지배주의적·우월주의적 사고방식인 오리엔탈리즘(Orientalism)의 인식지평에서 바라보는가, 아니면 남을 있는 그대로 발견하고 이해하려는 타자론(他者論)의 인식지평에서 바라보는가 하는 근본입장에 따라 다를 것이다. 여기에 더해 그들의 조선체류기간이나 체험의 심도, 그리고 정보수집 대상과 경로의 차이도 그러한 편차를 낳게 한 객관적 요인으로 작용했다.

서양인들이 본 조선을 떠올리노라면 비분강개하기도 하고 애상이나 회한에 젖기도 하지만, 그럴수록 우리는 그것을 피하지 않고 겸허하게 되돌아봐야 한다. 왜냐하면 공자가 『논어』의 「학이편(學而篇)」에서 말하듯이 "어디로 가려는지 알고 싶거든 어디서 왔는지 되돌아봐야 하기〔告諸往而知來者〕"때문이다.

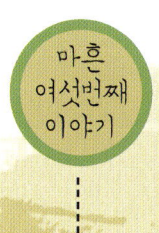

마흔
여섯번째
이야기

조선과 이슬람의
만남

초기 조선은 전대인 고려의 맥을 이어 이슬람과의 만남에서 그 성숙
도를 더해갔다. 그러나 중·후기에는 여러 가지 주·객관적 요인으로
인해 그 만남이 단절되다시피 하여 두 문명 간의 만남과 교류에는 한
때의 공백이 생겨났다.

고려조에서 조선조로의 왕조 이행에 따르는 초기의 혼란에도 불구
하고 무슬림들의 정치·사회적 위상은 큰 변화 없이 확고했으며, '한

국과 이슬람의 만남'이란 역사적 대명제는 여전히 빛을 발하고 있었다. 전대부터 이러한 만남이 가능했던 것은 주관적으로는 역대 위정자들이 개방적인 문화수용정책을 폈기 때문이고, 객관적으로는 이슬람문명 자체의 진취성 때문이었다. 물론 고려시대에는 도래한 무슬림들이 '준몽골인'이었다는 외연적(外延的)인 위압도 일정하게 작용했겠지만, 그러한 '위압'이 사라진 조선조에 와서도 전과 다를 바 없이 만남이 지속된 것은 어디까지나 앞에서 말한 주·객관적 요인의 소치였다.

『조선왕조실록』을 비롯한 조선조 초기의 여러 사적에는 전대의 문헌기록과 마찬가지로 회회인들의 정착이나 사회활동이 여러 차례 언급되어 있다. 『실록』에 따르면 1407년에 회회사문(回回沙門, 이맘)인 도로(都老)가 처자를 데리고 내조하자 태종(太宗)은 집을 주어 살게 하고서는 그에게 여러 가지 특전을 베풀었다. 그러던 태종이 국가재정이 어려워지자 왜인(倭人)과 회회인 들에게 주던 녹을 줄이라고 하명한다. 회회인들에게 주는 녹을 줄여서 국고를 충당할 정도라면 녹을 받는 회회인들이 수적으로도 많거니와 그들의 직위 또한 상당히 높았을 것이다.

조선조의 성왕인 세종(世宗)의 행적을 기록한 『세종실록』을 보면, 당시 무슬림들은 조정의 특별한 배려 속에 살고 있었음을 알 수 있다. 회회노인(무슬림 원로)과 회회교도 들은 그들 나름의 이색적인 복식을 하고 근정전에서 거행되는 신년 하례식이나 동지 망궐례(望闕禮) 같은 궁정 행사와 의식에 조정의 신하들과 함께 꼭꼭 참석하곤 했다. 임금에 대한 그들의 하례는 당대 무슬림들이 누리고 있던 사회적 위상을 그대로 반영하고 있다.

한편, 인간관계와 상술에 능한 무슬림들은 조정과의 관계에 각별히 신경 썼던 것으로 보인다. 일례로, 회회사문 도로가 태종에게 모자에 다는 수정구슬을 방물(方物)로 진상하자 왕은 보답으로 쌀 5석을 하사하고 금강산과 순흥, 김해 등지에서 수정을 채집할 수 있도록 배려했다. 도로는 마침내 300근이나 되는 수정을 채취해 태종에게 바쳤다.

이러한 조정의 배려 속에서 조선 초까지도 무슬림들은 특유의 복장을 하고 이슬람식으로 궁정의례를 치렀으며, 불승들과 동등한 서열로 조정 하례에 참석했다. 그러다가 그들이 이미 한화(韓化)되어 여느 백성과 다를 바 없게 되자, 세종대에 와서는 무슬림들의 이방적인 행태를 금하도록 했다. 세종대왕은 회회인들이 착용하는 의관이 유별스럽기 때문에 사람들이 이들은 조선백성이 아니라고 하며 혼인하기를 꺼리므로 이미 백성이 된 이상 한식 복장을 따르고 이슬람식 송축예법도 폐지해야 한다는 예조판서의 상주를 듣고 곧 그렇게 하라는 칙령을 내린다. 이러한 사실로 보아 이슬람교는 조정에서 공식적인 인정(公許)을 받고 있었으며, 무슬림들은 평등하고 자유로이 신앙생활을 영위하고 있었음을 확인할 수 있다.

조선 초기 이슬람문명과의 만남에서 특기할 사항은 몇 가지 이슬람 과학기술의 수용이다. 그중 가장 중요한 것은 이슬람역법의 도입이다. 세종은 새로운 역법을 창제하기 위해 정인지(鄭麟趾)를 비롯한 학자들에게 명하여 원나라의 수시력(授時曆)과 명나라의 대명력(大明曆), 이슬람의 회회력(回回曆)을 구해다가 연구토록 했다. 수시력이나 대명력은 모두가 당시로서는 가장 발달한 이슬람력을 참조하여 만든 것이기는 하나 여러 가지 미흡한 점이 발견되었다. 그리하여 이

순지(李純之) 등의 학자들은 별도로 이슬람력을 집중연구했다.

다방면으로 연구한 끝에 만들어낸 것이 이른바 『칠정산내편』과 『칠정산외편』이라는 조선조의 역법이다. 그중 『외편』은 순태음력인 이슬람력의 원리를 도입하여 만든 것으로서 가위 '조선의 이슬람력'이라고 할 수 있다. 이 새로운 역법은 기원(紀元)에서 이슬람력의

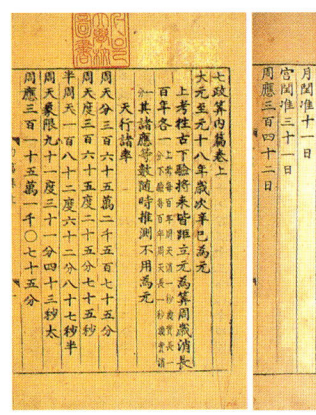
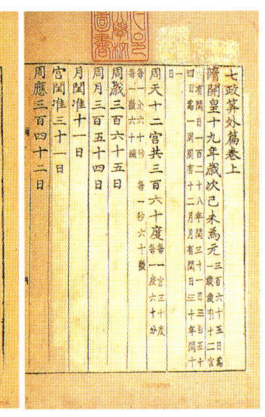

『칠정산내편』과 『칠정산외편』 ● 이슬람력을 참조해 만든 조선의 역법.

기원인 622년, 즉 성천(聖遷, 히즈라, 무함마드 일행이 박해를 피해 메카에서 메디나로 옮겨간 일)의 해를 그대로 수용하고 있으며, 전래의 태양태음력에 따른 윤달을 따로 설정하지 않고 30태음년에 11일의 윤일을 두고 있다. 또한 분도법(分度法)에서도 중국의 100진법이 아닌 이슬람의 60진법을 받아들였다. 이처럼 『칠정산외편』은 이슬람 역법의 기본원리와 특성을 그대로 수용하고 있다.

역법과 관련이 있는 천문관측의기의 제작에서도 이슬람 천문학의 영향을 찾아볼 수 있다. 아직 연구가 미흡하여 구체적으로 밝힐 수는 없지만, 조선조에 제작·정비된 크고 작은 간의(簡儀)나 혼천의(渾天儀), 해시계인 앙부일구(仰釜日晷), 물시계인 자격루(自擊漏), 태양과 별의 운행시간을 관측하는 일성정시의(日星定時儀) 등 여러 가지 천문관측의기들은 원나라 때 중국에 도입되었던 같은 종류의 이슬람 천문의기들과 구조나 기능에서 대동소이하다. 그중 자격루에 맞먹는 소리 나는 물시계가 이슬람세계에서는 이미 8세기에 만들어져 프랑크 국왕에게 선물로 보내지기까지 한 바 있다.

이와 더불어 공예기술 면에서도 이슬람문명의 흔적이 엿보인다. 그

일성정시의 ● 낮에는 태양을 이용하여 시간을 측정하고 밤에는 별의 남중을 이용해 시간을 측정하는 기구.

청화백자운용산수무늬다각접시 ● 지름 21.3cm / 19세기.

중 하나가 도자기의 청색안료인 회청(回靑, 혹은 회회청, Muslim blue, 코발트)의 도입이다. 원래 중앙아시아의 사마르칸트를 중심으로 한 투르크-페르시아계 무슬림 거주지역에서 산출되던 이 안료는 무슬림상인들을 통해 중국과 조선에 수출되었다. 이 새로운 안료를 사용하여 15~16세기경에 중국과 한국, 일본에서 청색무늬를 넣은 독특한 청화백자(靑華白磁)가 만들어지게 되었다. 조선조에서는 세종 때까지 백자가 자기의 주종을 이루어오다가, 세조 때에 와서 중국에서 회청이 들어오자 화려한 청화백자가 선보이기 시작했다. 그러나 원료 수입이 어려워서 생산량은 한정될 수밖에 없었다. 그러다가 18세기에 이르러 국내에서 안료가 개발됨에 따라 청화백자는 다시 부활하기 시작했다.

여말선초에 위구르문자와 언어가 관부를 비롯한 상층사회에서 사용된 사실은 이슬람문명과의 교류에서 주목할 사항이다. 일찍이 문자가 없었던 몽골은 위구르문자를 빌려다가 자신들의 언어를 표기하는 동시에 위구르어를 공식어로 책정함으로써 원나라에서는 위구르어가 널리 통용되었다. 이것은 필연적으로 후기 고려로 위구르어가 침투하는 원인이 된다. 고려에 대한 몽골의 간섭이 극에 달한 13세기 후반부터 14세기 중엽까지 '회회어'와 '회회문'으로 알려진 위구르어와 위구르문자는 고려 상층부에서 필수언어로 각광받았으며, 비공식 궁중용어로까지 둔갑했다. 그리하여 위구르어는 공식 외국어로 교습되었고, 번역관 선발고시에서는 몽골어와 더불어 필수시험과목으로 선정되었다.

이참에 한 가지 부언할 것은 같은 알타이어족에 속하는 위구르어의 언어적 요소가 이즈음의 훈민정음 창제에 영향을 끼쳤을 개연성이 있다는 점이다. 신숙주(申叔舟)를 비롯한 일부 집현전 학자들은 몽골어에 정통했는데, 그러자면 그 표기문자인 위구르문자를 필히 알아야 했을 것이다. 따라서 이미 정연한 문자체계를 갖추고 있는 위구르문자에서 무언가 참고쯤은 했으리라고 짐작해도 큰 무리는 아닐 것이다. 13세기 후반부터 15세기 초반까지의 여말선초 약 150년간에 걸쳐 위력적으로 사용되던 위구르어는 1427년에 공포된 '외래습속금령(外來習俗禁令)'으로 인해 이국적인 복식 및 의례형식과 함께 점차 자취를 감추고 말았다.

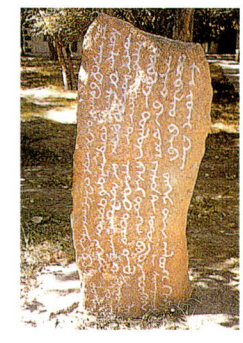

위구르문자비 ● 위구르는 돌궐문자를 계승해 위구르문자를 만들었으며, 이는 다시 몽골문자의 바탕이 되었다.

비록 이 모든 것은 이슬람문명권의 언저리에서 일어난 일들이지만 권내 무슬림들의 관심 밖에 있을 수는 없었다. 조선시대에 한국에 관한 기록을 남긴 무슬림학자는 오스만 투르크 출신의 알리 아크바르('Ali Akbar)다. 그는 1500년대 초 오아시스 육로로 허텐(和闐)을 거쳐 중국을 방문하고 나서 1516년에 페르시아어로 중국여행기 『키타이서』를 저술했다. 저술시기는 조선시대지만 그 내용은 고려에 관한 것이다. 저자는 여행기에서 '카울리', 즉 고려는 12개 중국 행정지역의 하나(제9지역)로서 소규모의 영세상인들조차도 15만 시르(sir)의 거금을 갖고 있을 정도로 굉장히 부유한 지역이며, 그곳에서 생산되는 우수한 품질의 아마포와 그 밖의 상품을 카울리상인들에게서 은화로 구입한다고 기술하고 있다.

이상에서 살펴본 것처럼 고려시대, 특히 그 말엽부터 조선 초기까지 약 150년 동안에 이루어진 이슬람과의 만남은 여러모로 상승일로를 걷고 있었다. 그러나 급변하는 대내외 정세에 밀려 이러한 상승세에 제동이 걸리더니 마침내 그 후 수세기간의 단절기·공백기를 겪게 되었다. 우선, 대외적으로 그간 한국에 대한 이슬람의 '공급원' 역할을 해오던 원나라가 망하고, 한국에 대한 이슬람의 '관문' 구실을 해오던 중국이 명조에는 해금(海禁)과 관금(關禁) 등 대외폐쇄정책을 실시한 데 이어 청조에 와선 무슬림들에 대한 심한 탄압정책을 자행했으며, 이에 더해 서세동점의 새로운 국제정세하에서 무슬림들이 제해권을 상실하게 되었다. 이 모든 객관적 정세로 인해 이슬람의 동방진출이 전반적으로 퇴조하고 한반도로의 이슬람 유입 루트가 소멸·차단되는 지경에 이르렀다.

다음으로, 대내적으로는 보수적인 유교문화와 일시적이나마 쇄국적인 대외정책을 추구한 나머지 외래 문명에 대한 수용력이 점차 약화됨으로써 외래 문명, 특히 이슬람 같은 이질 문명을 경원시하게 되었다. 또한 주로 상층에서만 맴돌던 이슬람교가 대중 속에 뿌리내리지 못하고 극소수에 머물렀던 무슬림 대부분이 한국사회에 동화되다 보니 이슬람은 자생력을 잃고 더 이상 생존할 여력이 없게 되었다.

그러다가 조선조 말엽에 이르러 개화운동에 편승해 닫혔던 빗장이 조금씩 풀리자 이슬람세계와의 만남이 다시 움트기 시작한다. 그 계기는 오스만제국의 적극적인 동방진출로 마련되었다. 19세기 말부터 20세기 초까지 오스만제국에서 일어난 범이슬람주의 부흥운동과 반러시아 공동전선의 필요성은 동방에 대한 오스만제국의 관심을 크게 촉발했다. 그리하여 오스만제국은 중국과 일본에 대해 일찍이 없었던 접근을 시도했다. 특히 일본과는 사절이나 군함을 호환하는가 하면, 1906년에는 공동으로 토오꾜오에서 범이슬람대회까지 개최하려고 한다. 결국 이 대회는 영국을 비롯한 서방국들의 강력한 반대로 개최 직전에 무산되기는 했지만, 이슬람의 새로운 동방진출을 과시하기에는 충분했다. 이슬람의 동방진출에 겁을 먹은 서구인들은 그 성세(聲勢)를 13세기 몽골의 서구원정에 견주면서 그것에서 초래될 재화를 이른바 '신황화(新黃禍, 황인종으로부터의 새로운 재화)'로 규정하고 크게 경계했다. 이웃에서 일어나는 이러한 새로운 기운은 한반도에도 그 영향을 미쳤다.

그리하여 20세기 초엽에 간헐적이기는 하나 무슬림들의 한국행이 재개되었는데, 그들을 통해 격동기 한국의 모습이 세계에 알려지기도 한다. 그 일례가 러시아 투르크족 출신의 종교지도자 압둘 라시드 이브라힘('Abdu'l Rashīd Ibrāhīm)의 한국 방문이다. 러시아 강점하의 투르키스탄 자치를 위해 투쟁하던 그는 아시아 순방길에 일본을 거쳐 1909년 한국에 들러 일주일 동안 부산·밀양·서울 등지의 고적과 교육문화시설 등을 두루 돌아보았다. 귀국 후 그는 여행보고서 『이슬람세계』를 저술했는데, 그중 「조선편」에서 바야흐로 국운이 꺼져가는 참담한 현실과 한국인의 윤리·도덕, 재한 외국인의 실태 등을 생생하게 기술하고 있다.

그 후 무슬림들이 집단적으로 한반도에 이주해 자그마한 공동체를 이루어 정착하기 시작한 것은 1920년대부터다. 그들 대부분은 1917년 러시아 볼셰비끼혁명 이후의 투르크계 망명객들로서 만주를 거쳐 일제치하의 한국에 들어왔다. 약 200명으로 추산되는 그들은 신의주·혜산·평양·흥남·서울·천안·대전·대구·부산 등 전국 각지에 흩어져 살면서 일제의 비호하에 각종 생업에 종사했다. 그들은 서울에 학교와 사원을 세우고 경전 『꾸르안(코란)』을 출간하여 이슬람 교육과 종교의례를 계속 유지했고, 홍제동 부근에 무슬림 공동묘지까지 마련해 이슬람 전통을 지켜나갔다. 그러다가 1945년의 한반도 광복과 1950년의 한국전쟁이란 잇따른 충격을 이겨내지 못하고 결국 대부분 해외로 빠져나가고 말았다.

한편 그들이 경영하는 점포에서 일하던 몇몇 한국인들이 그들에게서 직접적인 영향을 받아 이슬람교로 개종했는데, 그들이 현대 한국 무슬림의 비조라고 할 수 있다. 그 밖에 이 시기에 만주에서 일본 회사나 기관의 직원으로 있던 한국인들은 그곳에 있는 중국계 무슬림들과 접촉해 이슬람 신앙의 싹을 틔웠다. 후일 그들은 귀국해 한국무슬림 초대 지도자의 반열에 서게 되었다.

한국전쟁에 무슬림 터키군이 참전한 것은 무슬림들이 한반도에서 피를 흘린 두번째 경우가 된다. 평화로운 이 땅에서 무슬림들이 처음으로 피를 흘린 것은 그로부터 약 680년 전 삼별초(三別抄)가 항몽전을 일으켰을 때다. 『고려사』에 의하면 항몽군들은 항몽전에 동참하기를 거부하는 장수 이백기(李白起)를 체포해 몽골이 파견한 회회인들과 함께 노상에서 살해했다고 한다. 그러나 알고 보면, 이 희유의 처절한 현장은 문명 외적인 비사(悲事)에 불과하지, 결코 대치 문명 간의 숙명적인 충돌은 아니었다. 만일 그러한 충돌이었다면 그 뒤를 이은 문명 간의 만남은 결코 이루어지지 못했을 것이다. 흔히 충돌은 앙금을 낳고, 앙금은 불신을 결과하며, 불신은 소통단절로 이어지는 법이니까 말이다.

여단 규모의 터키군이 살벌한 한국전에 참전한 것은 역설적으로 오늘날 한국에 무슬림공동체가 형성되게 된 직접적 계기가 되었다. 그들은 후방에 '앙카라학교'를 세워 전쟁고아들을 양육했으며, 종전 후에는 군 이맘 압둘가푸르(Abdu'l Ghafur)가 직접 대민선교에 나서서

서울 용산구 한남동에 위치한
한국이슬람중앙성원 전경

현대 한국무슬림 1세대를 탄생시켰다. 그의 인도하에 1세대들은 1955년에 드디어 첫 이슬람공동체인 '한국이슬람협회'를 결성하여 이슬람 정착의 초석을 마련했다. 그 후 여러 이슬람국가들과 국제 이슬람단체들의 형제애적인 지원과 한국무슬림들의 헌신적인 노력으로 말미암아 한국무슬림공동체는 구색을 갖추고 의젓이 자라나 마침내 서울 중앙성원을 비롯해 전국에 5개의 사원을 건립하고 약 4만 명의 신도를 구성원으로 갖게 되었으며, 범세계적 이슬람공동체의 일원으로 당당히 자리매김하게 되었다.

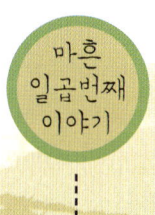

마흔
일곱번째
이야기

인디언들이 보내온
선물

조선조 초엽은 유럽의 '대항해시대'의 개막과 시기적으로 맞물린다. 1460년 뽀르뚜갈의 항해왕자 엥리께(Henrique)가 아프리카 서해안을 따라 남하해 인도로 가는 길을 모색한 때부터 시작된 이 격변의 시대는 가마(Vasco da Gama)의 '인도항로' 개척(1497~1498), 콜럼버스(C. Colombus)의 4차 대서양 횡단(1492~1502)과 이른바 '신대륙 발견', 그리고 마젤란(Fernao de Magalhaes) 일행의 세계일주(1519~1522)

콜럼버스의 대서양 항해도

콜럼버스의 대서양 항해도	
→	1차 항해로
→	1차 항해 회항로
→	2차 항해로
→	3차 항해로
→	4차 항해로

로 그 서막을 화려하게 장식했다. 이렇게 사상 처음으로 구대륙에서 '신대륙'으로 이어지는 환지구적 바닷길이 트임으로써 동서문명교류사에는 획기적인 변화가 일어났다.

그때까지는 유라시아를 망라한 구대륙 내에서만 교류가 진행되어 왔으나, 이제부터는 저 멀리 아메리카대륙과도 문물이 오가게 되어 명실상부한 범세계적 교류망이 형성되기에 이른다. 16세기부터 스페인과 뽀르뚜갈인들이 필리핀의 마닐라를 중간기착지로 하여 중국의 비단이나 도자기를 중남미에 가져가고 중남미의 백은(白銀, 16세기 뻬루의 백은은 세계 총 채굴액의 60%를 점함)이나 각종 농작물을 아시아와 유럽에 가져오는 등 신·구대륙 간에 '태평양 비단길' '백은의 길'이 개척되어 이른바 '대범선무역(大帆船貿易)'이 시작되었다. 세계는 비로소 한 울타리 속에서 한데 어울리게 된 셈이다.

이러한 세기적 변화의 여파는 여기 동방의 한구석에 자리하면서 바야흐로 세계를 향해 꿈틀대고 있던 한반도에도 예외 없이 밀려왔다. 그것은 인간의 생존과 직결되는 농작물의 유입에서 가장 뚜렷이 나타나고 있다. 고려시대까지만 해도 수수나 오이, 수박, 호두, 포도 같은 농작물들이 여러 시대를 거쳐 주로 서역 일원에서 들어와 우리의 전통 농작물로 자리를 굳혀왔다면, 이제부터는 유라시아대륙을 벗어난 새로운 세계인 아메리카대륙에서 감자나 고구마, 옥수수, 고추, 담배, 땅콩, 해바라기 등 신기한 농작물들이 이런저런 경로를 통해 이 땅에 들어와 우리의 농경사회 전반을 더 풍요롭게 했다. 그러한 새로운 농작물 모두가 어쩌면 우리와 태고의 인연으로 묶여졌을 법도 한 인디언들이 가꾸어낸 것이라고 할 때, 그 경로야 어떻든 간에 이것은 그들의 고마운 선물이 아닐 수 없다.

가장 큰 선물은 감자다. 감자의 원산지는 해발 4,000m쯤 되는 남아메리카의 안데스산맥 고원지대로서 선사시대에는 야생종이었으나, 기원을 전후한 시기에 이르러서는 솔라눔 스테노토뭄(solanum stenotomum)이라는 근원종으로 개종되어 재배되기 시작했는데, 처음에는 일종의 관상용 식물에 불과했다. 그러다가 16세기 전반 유럽인들이 이곳에 쳐들어갔을 때는 감자가 이미 대량으로 재배되어 인디언들이 즐기는 주요식품의 하나로 자리 잡고 있었다. 맛과 영양이 뛰어나고 경제성이 충분한 감자는 유럽인들의 호기심을 자아내기에 충분했다. 그리하여 그 세기 후반부터 유럽에 유입되기 시작해 18세기 초에는 유럽 전역에서 인기작물로 재배되었다. 18세기 중엽 독일 지역에서는 국왕의 지시로 일반인들까지 감자를 식용작물로 삼아 오늘날까지도 독일인들의 주식으로 남아 있다. 육식 위주의 식사로 산성화되는 체액의 균형을 감자가 알칼리성으로 맞추어주니 서양인들에게 인기가 남다를 수밖에 없었다. 중국과 일본은 내항한 유럽인들을 통해 일찍 알고는 있었지만 18세기에 이르러서야 비로소 재배하기 시작했다.

우리나라의 경우 감자가 들어온 경로는 두 가지로 전해지고 있다. 하나는 중국으로부터인데, 조선시대의 실학자 이규경(李圭景)은 『오주연문장전산고(五洲衍文長箋散稿)』에서 순조 갑신·을유 양년 사이 (1824~1825)에 함경북도 명천(明川)에 사는 김씨라는 사람이 북관(北關, 현 중국 옌뼨 지방)에서 종자를 가져다 심었다고 했다. 그는 또한 이 책에서 청나라사람이 인삼을 몰래 캐려고 왔다가 우연히 인삼밭에 종자를 떨어뜨리고 갔다는 이야기도 전하고 있다. 다른 하나는 김창한이 쓴 『원저보(圓藷譜)』(1862)에 기록되어 있는데, 그에 따르면 1832년 영국상선 로드 앰허스트(Lord Amherst)호가 태안반도에 약한 달 동안 체류하고 있을 때 함께 타고 있던 네덜란드 선교사 구츨라프(Gutzlaff)가 의약과 함께 마령서(馬鈴薯, potato)의 종자를 농민들에게 나누어 주고 그 재배법을 가르쳤다고 한다. 김창한은 그때 감자와 그 재배법을 전수받은 한 농민의 아들이다. 마령서는 감자의 중국어 명칭으로, 뿌리에 달려 있는 모습이 마치 말방울 같다고 해서 얻어진 이름이다.

감자는 들어오자마자 함경도나 강원도 같은 척박한 지대의 화전민들에게 큰 인기를 얻었다. 자라기도 잘 자라거니와 맛도 텁텁하고 구수하여 쉬이 질리지 않는다. 특히 유럽에서와 마찬가지로 흉년이 들 때에는 주요한 구황(救荒)식품으로 인간에게 큰 은전을 베푼 작물이다. 오늘날은 척박한 지대뿐만 아니라 전국 방방곡곡에서 재배되어 전 국민이 즐겨 먹고 있다. 감자로 만들 수 있는 음식 가짓수만 해도 감자밥, 감자죽, 감자수제비, 감자만두, 감잣국, 감자전, 감자장아찌, 감자경단, 감자송편, 감자술, 감자엿 등 이루 헤아릴 수 없을 만큼 다양하다.

감자와 비슷하나 그보다 일찍이 들어온 수입작물이 있으니, 그것이 바로 고구마(sweet potato)다. 고구마의 원산지는 중남미의 멕시코로서 기원전에 이미 재배되고 있었다. 그것을 콜럼버스가 가져다 스페인에 전했고, 그 뒤 필리핀과 중국 남방지대를 거쳐 아시아와 아프리카의 여러 곳에 퍼져갔으나 유럽에는 널리 퍼지지 못했다. 중국이나 일본에는 1600년경에 전해진 것으로 보인다. 고구마의 조선 유입에 관해서는 몇 가지 기록이 있는데, 대체로 일본에서 들어온 것으로 알려져 있다. 『조선왕조실록』에 따르면, 1663년 김여휘를 비롯한 몇 사람이 류우뀨우(琉球)에 표착했을 때 껍질이 붉고 살이 희며 맛이 마와 같은 식품을 먹었다고 하는데, 그것이 바로 고구마다. 조선에 고구마가 알려지면서 재배된 시기는 1760년대다. 당시 예조참의였던 조엄(趙曮)이 통신사로 일본에 다녀와 쓴 기행문인 『해사일기(海事日記)』에 의하면, 그가 일본으로 가던 길에 쓰시마섬[對馬島]에서 고구마를 발견해 들여왔다고 한다. 그는 이 책에서 쓰시마섬에 감저(甘藷)라는 것이 있는데, '효자마' 혹은 '고귀위마'로 부른다고 하면서, 이것을 가져다가 심으면 문익점의 목면처럼 백성들을 매우 이롭게 할 것이라고 말한다.

한편 조선후기 참봉을 지낸 이광려는 중국 명나라의 서광계(徐光啓)가 쓴 『농정전서(農政全書)』를 통해 고구마를 알게 되자, 이것이 '백성의 작물'이라 여겨 중국으로 가는 사신이나 역관들에게 구해올 것을 여러 번 부탁했으나 여의치 않았다. 그즈음 동래부사 강필리의 노력에 의해 동래 지방에서는 이미 재배에 성공했음을 그는 전하고 있다. 이러한 점들을 감안할 때 고구마는 감자보다 100년쯤 일찍 알려졌거나 들어와서 재배되었다고 판단된다. 고구마는 감자에 비해 당분과 비타민C가 많고 수분이 적어서 칼로리가 높기는 하지만, 주식으로는 적합하지 않아 주로 부식이나 간식으로 쓰인다.

세계적으로 쌀, 밀과 함께 3대 농작물의 하나로 꼽히는 옥수수도 그 원산지는 멕시코를 비롯한 중부아메리카다. 그 원종이 아직 밝혀지지 않았으므로 기원에 대해서도 여러 가지 설이 있다. 고고학적 자료에 의하면 야생조상종은 적어도 기원전 5000년 무렵에 멕시코에 분포되어 있었고, 재배형으로 개량된 것은 기원전 3000년경으로 추정된다. 뉴멕시코주에서는 기원전 2300년의 유적에서 탄화된 옥수수가 발견됨으로써 북아메리카로의 전파는 그 이전 시기로까지 소급할 수 있다. 그리고 기원전 2000년쯤에는 지금의 이삭 형태가 갖추어지게 되었다. 15세기 말 콜럼버스가 종자를 스페인에 전한 후 불과 30년 만에 유럽 전역에 골고루 퍼졌다. 그 여파로 인도와 중국은 16세기 초엽에 유럽으로부터 받아들였으며, 한국은 고려 말엽 원나라 군사가 종자를 갖고 왔다는 설이 있으나 확실치 않다. 분명한 것은 중국보다는 좀 늦은 시기에 재배하기 시작했다는 사실이다. 근래에 와서 유럽에서는 주로 가축의 사료로 쓰이고 있으나, 한국에서는 여전히 식품으로 쓰이고 있다.

한국음식의 특징이라면 으레 매운 것을 드는데, 흔히들 이것은 우리나라 고유의 오래된 전통으로 여긴다. 그러나 오늘날처럼 조미료를 넣어 음식을 맵게 한 역사는 400년도 채 안 된다. 우리의 음식맛을 남달리 맵게 하는 주원인은 고온성 작물인 고추(hot pepper)인데, 이 역시 원조는 남아메리카다. 다른 아메리카산 작물과는 달리 유럽에는 별로 전해지지 않고 주로 동북아시아, 그것도 조선에 집중된 것은 일종의 역사적 아이러니다. 아마도 한국인들이 원래 좀 맵싸한 맛을 즐겼기 때문일 것이다. 추어탕이나 매운탕을 끓일 때 산초나 초피가루를 양념으로 넣는 것도 매운 맛을 내기 위함이었다.

매우면서도 달짝지근한 고추는 한국인들의 입맛을 더욱 북돋아주었다. 이수광의 『지봉유설』(1614)에 의하면 고추는 일본으로부터 들어왔으며, 그래서 왜초(倭草) 혹은 왜겨자로 불렀다고 한다. 그런데 어떤 이는 그 내력에 관해 임진왜란 때 왜군이 조선사람을 독한 고추로 독살하려고 가져왔다는 재미있는 주장을 편다. 그것이 사실이라면 한국인들의 매운 입맛을 모르고 벌인 왜인들의 헛짓이다. 그런데 일부 일본 측 문헌에는 고추가 오히려 조선에서 일본으로 건너갔다는 기록이 나온다. 그런가 하면 이재위(李裁威)는 저서 『몽람(蒙纜)』(1850)에서 고추가 북호(北胡, 중국)에서 들어왔다고 한다. 그 밖에 고추를 번초(蕃椒)나 남만초(南蠻草), 남초(南椒) 등으로 불러온 점을 감안할 때, 그 유입 루트를 남방의 어디로도 생각해봄 직하다.

오늘날 우리 음식에서 빠질 수 없는 고추는 그 종류가 100가지가 넘는다. 원래 고추는 기름의 산패(酸敗, 유기물의 산화)를 막아주고 젖산균의 발육을 돕는 캅사이신(capsaicin)이란 성분과 풍부한 비타민 C(사과의 50배)를 함유하고 있기 때문에 향신료로서의 가치가 높다. 그래서 1809년 빙허각(馮虛閣) 이씨(李氏)가 여성생활백과로 쓴『규합총서(閨閤叢書)』에서는 고추를 김치나 그 밖의 조리에 알맞게 쓰라고 권장한다. 그러나 19세기 초 서유구(徐有榘)는 박물지인『임원십육지(林園十六志)』에서 고추는 매우 맵고 많이 먹으면 화(火)가 동하고 부스럼이 나게 하며 낙태까지 일으킨다고 그 폐단을 지적하고 있다. 우리나라에서는 붉은색이 태양이나 불을 상징하기도 하지만, 잡귀를 쫓는 빛깔로도 인식되기 때문에 벽사(辟邪)의 의미로 아기가 태어나면 집 문밖에 붉은 고추를 매단 새끼줄을 쳐놓기도 한다.

기름을 짜거나 간식으로 많이 쓰는 땅콩도 알고 보면 브라질과 빼루를 비롯한 남아메리카에서 들어온 것이다. 꽃이 떨어져서 생긴다고 하여 낙화생(落花生)이란 별명을 가진 땅콩은 지방과 단백질, 비타민이 많이 함유되어 영양가가 매우 높은 식품으로서 간식은 물론, 식용유나 윤활유로도 쓰인다. 줄기와 잎은 질소 함량이 높아서 가축의 사료나 풋거름용으로 알맞으며 껍질도 사료와 제지원료로 이용된다. 하나 버릴 것 없는 유용작물이다. 이런 유익함 덕분에 비교적 신속하게 퍼졌는데, 맨 처음 미국은 1600년대에, 중국은 1800년대에, 일본은 1874년경에, 그리고 우리나라는 일본보다 앞선 1778년경 정조 때 받아들였다. 땅콩은 일명 지과(地果), 장생과(長生果), 호콩이라고도 하는데, 이것은 중국에서 유래한 이름인 듯싶다.

양지바른 곳에서 잘 자라 관상용이나 식용유의 원료, 혹은 약재로도 쓰이는 해바라기(sunflower)도 그 원산지는 북아메리카다. 기원전 3000년경에 지금의 애리조나(Arizona)주와 뉴멕시코(New Mexico)주 같은 지역에서 인디언들에 의해 처음 재배되었는데, 스페인인들에 의해 1510년 전후에 유럽에 전해졌다. 당초 유럽인들은 '태양의 꽃'

이니 '황규꽃'이니 하면서 화초로 재배하다가 러시아인들이 1769년에 처음 식용유식물로 재배하여 기름을 짜기 시작했다. 우리나라는 중국이나 일본을 통해 들여온 것으로 추측되는데, 그 정확한 시기는 아직 판명된 바 없으나 근래인 것만은 틀림이 없다.

끝으로, 우리나라는 물론 세계적으로도 아메리카대륙의 특종작물로서 그 영향력이 가장 심각하여 자고로 인구회자(人口膾炙)되는 것이 바로 담배다. 그런데 그 논의가 담배는 '자연이 준 최상의 선물 중 하나'라는 찬사와 긍정에서 '근대문명에 대한 자연의 극단적 저주'라는 비난과 부정의 두 극단 사이를 오가는 것은 참으로 아이러니한 일이지 않을 수 없다. 어떻게 보면 자연에 대한 인간의 경솔이고 오만이다. 원래 담배는 언제부터인가 아메리카대륙에서 인디언들이 종교나 사회 의식을 위해, 또는 질병 치료를 위한 약재로 이용해왔다. 그러다가 1492년 콜럼버스가 외지인으로서는 처음으로 아메리카대륙에 들렀을 때 신기한 선물로 받아가지고 유럽으로 돌아간 것이다. 귀국 후 그는 엉뚱하게도 담배를 최음제(催淫劑, 성욕촉진제)나 만병통치약으로 과대포장하여 소개해 상층귀족들의 호기심을 크게 자극했다. 그 후 뽀르뚜갈 주재 프랑스 대사 장 니꼬가 담배를 프랑스 여왕 까뜨린느 드 메디씨스에게 선물해 편두통을 낫게 하자, 신기하게 여긴 그녀는 담배를 '여왕의 풀'로 부르게 했다고 한다('니코틴' 역시 대사 니꼬의 이름에서 왔다). 그 후 많은 유럽 탐험가들이 아메리카대륙으로부터 담배를 수입하기 시작했으며, 마침내 그 수요가 늘어남에 따라 담배재배는 전 유럽으로 확산되었다.

우리나라에는 그로부터 약 100년이 지난 1590년대에 임진왜란을 계기로 왜군에 의해 담배가 처음 소개되었다. 그 후 1602년 광해군

(光海君) 초에 담배씨를 일본에서 도입해 재배하기 시작했다. 그러다 가 1899년에 궁내부 내장원에 삼정과(參政課)가 설치되어 담배사업 을 전담함에 따라 담배재배가 본격화되었다. 1905년에 국내 최초의 궐련으로 '이글'이 생산되었으며, 일제시대에는 30여 종의 담배가 출 시되었다. 그러나 새로운 문화로서의 담배 도입은 당초부터 적지 않 은 저항을 받아왔다. 우리나라에서는 담배에 인이 박인다는 이유로 1650년경에 인조가 금연령을 내렸다. 그러나 오래가지는 못했다. 영 국, 터키, 인도, 일본 등 여러 나라에서도 이러저러한 이유로 담배를 불법화하고 위법자에게는 형벌을 가했는데, 심지어 사형에까지 처했 다. 지금도 해마다 세계적으로 350만 명이 담배로 인한 질병에 걸려 죽어가고 있다고 한다. 어쩌면 자연에 대한 인간의 무모한 도전이 빚 은 자업자득일 수도 있다.

　우리 조상들은 인디언들이 보내온 선물들을 우리의 문화로 승화시키는 슬기를 보여주었다. 서구인들은 감자를 가리켜 '마귀를 섬기는 부족의 불경한 땅속식물'이며, 뿌리줄기식물은 불경한 것으로 성욕이나 월경을 자극하며 몸의 균형을 망가뜨리기 때문에 '악마가 준 선물'이라고 저주했지만, 우리는 그것을 받아들여다가 '신미(新美)'나 '황미(黃美)' 등 신품종으로 개량해 우리 입맛에 맞는 수십 가지의 식품을 만들어내고 있다. 원래 우리 겨레는 후추같이 자극성이 있는 향료를 즐겨오다가 고추가 유입되자 그것을 김치와 장의 주향료로 써서 특유의 붉고 매운 김치와 고추장을 만들어냈다. 이렇게 우리네 조상들은 새로운 것을 받아들일 때에도 그것을 통째로 삼키는 것이 아니라 우리의 기호와 실정에 맞게 고치고 새김질하여 완전히 소화함으로써 전통문화로 승화·고착시켰다. 이것은 문명교류에서 보기 드문 순기능적 수용의 본보기다.

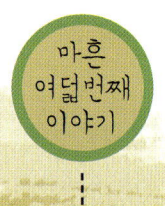

기행문학의 백미
『표해록』

낯선 땅을 돌아보고 쓴 기행문은 그 자체가 문명교류의 현장이다. 그
것은 문명교류의 전제가 되는 서로에 대한 앎을 실현시켜줄 뿐만 아
니라, 다른 문명의 모습들을 생생하게 펼쳐 보이고 문명교류의 욕구
를 촉발하며 때로는 엄청난 교류효과도 가져오기 때문이다. 일찍이
드넓은 중국은 갖가지 신기한 소문으로 가득 찬 세계로 알려졌다. 그
래서 늘 세상사람들의 호기심을 자극하는 대상이 되어왔다. 숱한 사

람들이 그 미지의 세계로 몰려와서 많은 여행기나 견문록을 남겨놓았다. 이웃하고 있는 우리는 더더욱 그러했다. 학계는 그중에서도 일본승려 엔닌(圓仁)의 『닛또오구호오쥰레이꼬오끼(入唐求法巡禮行記)』(9세기 중반)와 이딸리아 여행가 마르꼬 뽈로의 『동방견문록』(1298)과 함께 조선시대 최부(崔溥, 1454~1504)의 『표해록(漂海錄)』(1488)을 3대 중국여행기로 꼽는다.

500여 년 전 조선의 한 선비가 남겨놓은 글이 세계 기행문학에 당당히 등단한 것은 자긍스러운 일이 아닐 수 없다. 그 주인공인 금남(錦南) 최부는 어려서부터 성리학 공부에 전념하다가 초시를 거쳐 25세(1478년, 성종 9년) 때 성균관에 들어가 당대의 거유(巨儒) 김종직(金宗直)의 문하가 되어 영남사림의 맥을 이어받은 호남사림의 선도자가 된다. 9년 후에는 홍문관 부교리(副校理, 종5품)로 승진하자 도망친 노비들을 잡아들이는 추쇄경차관(推刷敬差官)에 임명되어 그해 11월 1일 제주도로 파견된다. 한창 관무를 수행하던 중 이듬해 정월 30일 부친상을 전해 듣고 윤1월 3일 수행원 42명과 함께 배를 타고 고향인 전라도 나주로 향한다. 그런데 항해 도중 갑작스레 태풍을 만나 14일간 표류하다가 구사일생으로 중국 져쟝(浙江)성 린하이현(臨海縣) 우두외양(牛頭外洋)에 표착한다.

일행은 표류 중 해적떼를 만나 가진 것을 몽땅 털리고, 표착해서는 말을 몰라 한문으로 필답을 나누다보니 당시 중국 동남해안에 자주 출몰해 노략질을 일삼던 왜구로 오인되어 숱한 고초를 겪기도 한다. 그러다가 가까스로 조선관리임이 확인되어 남북을 관통하는 대운하를 거쳐 뻬이징에 호송된다. 뻬이징에서는 명나라 황제를 진현하기도 한다. 명나라의 보호를 받으면서 귀국길에 올라 랴오뚱을 거쳐 6월 4일

압록강을 넘어 드디어 귀향한다. '지옥과 천당을 넘나드는' 6개월간의 험난한 여행길이었다. 그가 임금에게 그간의 행적을 아뢰기 위해 8일간에 거쳐 일기체로 써낸 글이 바로 3권 2책으로 된 『표해록』이다. 책표지에는 바다에서의 표류를 기록한 것으로 되어 있지만, 내용의 3분의 2는 '하늘엔 천국이, 지상엔 쑤져우(蘇州)와 항져우(杭州)'라는 중국

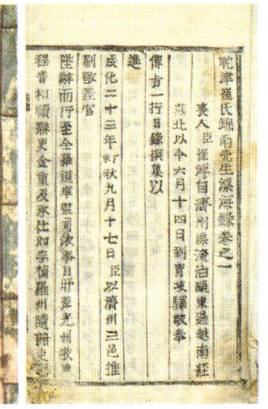

『표해록』

의 강남지대부터 뻬이징에 이르는 약 8,800리를 135일간 종주하면서 직접 보고 들은 것을 기록한 것이다. 따라서 이 책이 중국에 관한 기록이기는 하지만, 왕명에 의해 중국에 사행한 사신들이 쓴 각종 연행록(燕行錄, 약 407건)과는 구별하기 위해 『표해록』이란 이름을 붙였다고도 전한다.

귀국해서는 유생이 상중에 한가롭게 기행문이나 쓰고 있었다는 비난을 받기도 했지만, 얼마 되지 않아 40세 때(1493)에 홍문관 교리(정5품)로 등용되었다. 이듬해에 큰 가뭄이 들자 그가 이 기행문에서 소개한 중국 수차(水車)의 제작 및 이용법이 구황에 큰 효력을 발휘했다. 그러다가 연산군이 왕위에 올라 학정을 일삼자 이를 적시(摘示)하는 간언을 하고 3정승의 실정을 비판하는 상소를 올리는 등 사대부의 강직성을 보여주었다. 조정의 눈 밖에 난 최부는 무오사화(1498)를 기화로 김종직을 비롯한 사림파의 거두들과 함께 함경도 단천(端川)에 유배되었다. 얼마 후 이어 갑자사화(1504)가 터져 유배지에서 참수됨으로써 유생으로서의 곡절 많은 한 생을 마감했다.

원래 이 책은 왕명에 의해 씌어졌기 때문에 처음에는 조정에서 동

활자로 간행했다. 그러다가 최부의 외손자이자 조선시대 개인일기로
는 가장 방대한 규모를 자랑하는 『미암일기(眉巖日記)』(국보 제400호)
의 저자이기도 한 유희춘(柳希春, 1513~1577)이 평안도 감찰사를 지내
면서 선조 초에 정주(定州)에서 새로 목판본(정주본)으로 간행했다.
그 후 유희춘의 부탁으로 전라감사 이양원(李陽元)이 또 나주에서 목
판본 3권(남원본)을 재간했다. 이 3가지 판본 중 최초의 동활자판 1권
이 고려대학교 도서관에 소장되어 있을 뿐, 나머지 판본들은 모두 임
진왜란 때 왜군이 약탈해가 지금은 일본 몇 곳에 흩어져 있다. 임란
후에도 국내에서는 이 책을 계속 간행했다. 그러나 부끄러운 일이지
만, 이 국보급 진서의 보급이나 그 연구에서 주역인 우리는 후진을
면치 못했다. 일본에서 가장 먼저 1769년에
주자학자 키요따 키미까네(淸田君錦)에 의해
『토오도꼬오떼이끼(唐土行程記)』란 이름의
일역본이 나왔고, 미국과 중국에서는 각각
1965년과 2002년에 번역본이 출간되었다. 우

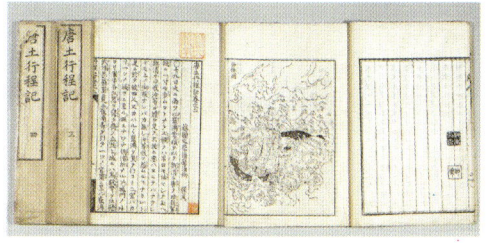

『토오도꼬오떼이끼(唐土行程記)』 ● 일본어판 『표해록』.

리의 경우 1964년과 1976년에 각각 북한과 남한에서 자료용 번역본
이 나왔을 뿐, 별로 알려지지도 않았다. 뒤늦게나마 남한에서 2004년
에 처음으로 완역 역주본이 출간된 것은 퍽 다행스러운 일이다.

중국학자들마저도 "중국에 관한 이웃나라의 가장 친절한 묘사"로
서 5만여 자의 "유창한 한문"으로 씌어졌다고 높이 평가하는 명저
『표해록』은 기행문학의 백미로 평가받고 있다. 그것은 기행문학으로
서의 특성을 최상의 수준에서 구현하고 있기 때문이다. 우선 기행문
의 생명이라고 하는 생동하는 사실성이 돋보인다. 『동방견문록』을 비
롯한 외국 기행문은 물론 중국 사서에조차도 없는, 그리고 중국사람

들조차 모르고 있는 많은 사실들을 이 책은 기록하고 있다. 이 점에 대해 중국 학계는 경탄을 금치 못하고 있다. 뻬이징대학교 한국학연구중심 부소장인 꺼 전쟈(葛振家)는 논문 「최부표해록연구」에서 이 책은 "우리나라의 명 홍치 초년과 명조 전기 중국의 사회상황, 정치, 군사, 경제, 문화, 교통, 시정 풍경 등 다방면에 관해 기록했다. …… 당대의 정치 중 중요한 것, 즉 명대의 정치, 군사의 주요 측면인 해금(海禁)과 해안 방어 등을 상세히 고찰하고 기술했다. ……『표해록』에서 제공한 자료는 더욱 구체적이고 생동감이 있다"고 논급했다.

이 책을 기행문학의 백미로 각광받게 한 데는 대운하에 관한 생생한 기술이 큰 몫을 차지하고 있다. 선행자인 엔닌이나 마르꼬 뽈로는 동서 만리장성에 못지않은 이 남북 대동맥을 여러 차례 누비면서도 그에 관한 기술은 별로 없다. 엔닌이 몇 글자 언급한 게 전부다. 그러나 최부는 넉 달 넘게 이 대운하를 종주하면서 운하 주변의 풍경뿐만 아니라 운하를 경영하고 운행하는 역사나 방법까지도 생생하게 그려내고 있다. 15세기 당시 이 대운하에 관한 기술로는 내외를 막론하고 단연 으뜸으로 뽑힌다. 만리장성과 더불어 중국인들이 창조한 기적의 하나로 꼽히는 이 대운하는 원래 기원전 진 시황제가 천하를 통일하면서 파기 시작해서 610년 수 양제(煬帝) 때 대운하로 연결한 것이다. 그 후 이 대운하는 늘 중국정치의 축 역할을 해오면서 갖가지 기록을 간직하고 있었다. 그러나『표해록』만큼 상세하고 사실적인 기록은 드물다.

최부는 운하를 만들면서 쌓은 제방을 당(唐)·제(堤)·언(堰)·패(霸) 등으로 구분하고 제방의 수문 즉 갑(閘)에 관해서도 상술하고 있다. 운하를 가로지르는 홍교(虹橋, 무지개다리)·석교(石橋)·목교

(木橋)·지붕 있는 다리 등 각종 다리에 관해서도 실감나게 묘사하고 있다. 그런가 하면 당시의 교통제도인 포(鋪)·참(站)·역(驛)에 관해서도 서로의 거리라든가 창고의 유무까지 기록할 정도로 자세하다. 집(集)이라는 시장이나 각종 사찰과 사묘, 심지어 민간 관우묘(關羽廟)의 풍경까지도 낱낱이 묘사하고 있다. 군사제도인 위소(衛所)에 대해선 그 명칭까지 일일이 열거하고 있다. 호송 도중에 목격한 수차의 제작이나 운영에 관해 상세히 기록했다가 귀국 후 가뭄이 들자 효용한 일례는 최부의 예리한 통찰력과 애국애민의 충정을 말해준다. 최부는 명나라 초기 다시 소통된 대운하의 전 노정을 주파한 첫 사람이란 기록도 가지고 있다.

이 책의 사실성은 내용의 정밀성에서도 두드러지게 나타난다. 일기체로 엮어 내려간 기사마다 꼭꼭 구체적인 시간과 지점, 관련인물들의 실명이 기재되어 있다. 시간의 일례만 봐도 시진(時辰, 시각)까지를 표기하고 있는바, 구체적으로 매상(昧爽, 먼동이 틀 무렵)·지명(遲明, 날이 샐 무렵)·힐조(詰朝, 이른 아침)·평명(平明, 아침)·향만(向晚, 어두워질 무렵)·천장모(天將暮, 해 질 무렵)·일모(日暮, 해가 저묾)·석(夕, 저녁)·야이앙(夜已央, 밤중)·자반(子半, 한밤중)·야2경·야3경·야4경·야5경 등으로 구분하고 있다. 그리고 내용의 대부분은 저자가 몸소 겪고 직접 목격한 일들이다. 그러나 일부 들어서 안 일에 대해서는 "이상은······가 나에게 말해준 것이다"라든가 "내가 듣기로는······다"라든가 하는 표현으로 본 것과 들은 것을 엄격히 가려주고 있다.

다음으로, 『표해록』은 바탕으로 삼은 소재나 기법에서도 타의 추종을 불허할 정도로 다양하고 풍부하다. 일본의 엔닌은 불승으로서 주로 당(唐)대의 불교 관련 내용만 언급했을 뿐, 사회의 제반 현상에 관한 기록은 최부의 그것과는 '너비나 깊이에서 비교가 안 될 정도'로 빈약하다는 것이 연구자들의 일치된 견해다. 이딸리아의 마르꼬 뽈로는 상인이자 여행가로서 중국에 17년간이나 머물면서도 만리장성이나 차문화에 관해서는 일언반구도 언급이 없을 정도로 엉성하고 소홀한 바가 많아서 그가 과연 중국 기행문을 직접 썼는가 하는 것까지 의심받고 있다. 이에 비해 최부의 기록 내용은 분명히 차원이 다르다. 유학자인 그는 『논어』나 『맹자』 등 오경사서는 더 말할 나위가 없거니와, 심지어 중국의 지리학 고전인 『우공(禹貢)』까지도 '십분 통달'해 글 속에서 자유자재로 인용하고 있는 데 대해 중국 학자들마저도 "참으로 놀라운 일이 아닐 수 없다"고 경탄한다.

이 책 속에는 이해를 실감나게 하고 심화시키는 비교법이 자주 눈에 띈다. 사실 문장기법에서 비교법이란 비교하는 두 대상을 깊이 이해해야 쓸 수 있기 때문에 가장 어려운 기법의 하나다. 최부는 중국과 조선 두 나라의 과거제도, 환관제도, 관리들의 산(傘)·개(蓋, 자리)·관(冠)·대(帶, 띠)의 비교, 접대용 차와 술의 비교 등을 통해 두 나라의 문화적 차이를 밝히고 있다. 그런가 하면 중국의 남북 문화를 비교하는 대목은 신선함을 넘어 충격적이란 평가다. 강남여자들의 옷은 거의가 좌임(左袵, 왼쪽여밈)이나 강북은 우임(右袵)이고, 강남사람들은 온순하고 거의 글자를 알고 있으나 강북은 사납고 뭔가 물어보면 "나는 글을 안 배워 무식하오"라고 대답한다. 그러나 강남에서는 돼지고기 한 접시로 손님을 대접하는 것이 고작이나 강북에서는 돼지는 통째로, 술은 단지로 대접하니 그 차이가 크다. 모두 치장을 좋아하는 것은 마찬가지나 강남사람들은 거울이나 머리빗 같은 치장도구를 가지고 다니는 데 반해 강북사람들은 그렇지 않다. 강남 시장에서는 금과 은이 통화로 사용되나 강북에서는 동전이 쓰인다. 강남은 기와집이나 강북은 초옥이 태반이다…… 모두 날카로운 관찰력이 아니고서는 도저히 이를 수 없는 기록들이다.

특기할 것은 이 책에 나타난 언어적 소재가 학술적 연구가치를 지닌다는 사실이다. 특히 중국 남북 지방의 서로 다른 구어체 어휘들은 중국 언어학자들의 탐구대상이 되고 있다. 예컨대, '曉得'(샤오떠, 알다)는 강남 일대에서만 상용하는 용어로서 강북에는 없었으나 지금은 보편화되었다. 지금 보통어에 쓰이고 있는 '얼' 화음이 책 속에서는 강북의 지명에서만 발견되어 그 어원은 북방어에 있음을 알 수 있다. 오늘날 상용되는 '我們'(워먼, 우리)은 '我每'에 어원을 두고 있다는 것도 이 책 속에서 발견된다. 이렇게 한 외국인의 기행문에서 자국의 언어적 소재를 발견한다는 것은 매우 드문 일이라 아니할 수 없다.

이렇듯 최부가 경험하고 목격한 것을 사실 그대로 생생하게 기술하고 다양한 소재를 취할 수 있었던 것은 그가 뛰어난 관찰력, 문장력과 함께 철저한 기록정신을 갖고 있었기 때문일 것이다. 그에게 이러한 기록정신이 없었더라면 호송길에 얼른얼른 스쳐 지나간 현장을 그토록 세심하고 정확하게, 단 여드레 동안에 5만여 자로 써낼 수가 없었을 것이다. 기록에 게으른 우리에게는 일종의 경종이요 귀감이다.

끝으로 『표해록』의 행간마다에서 저자 최부의 높은 소양과 도도한 기질을 엿볼 수 있다는 것도 이 책만의 특성이라 말할 수 있다. 최부는 조선의 문사로서 포학지사(飽學之士, 박식한 인사)다움을, 조선의 사림으로서 정도직행지사(正道直行之士, 바른길을 꿋꿋이 걸어가는 인사)다움을, 조선의 관리로서 충군애국지사(忠君愛國之士)다움을 여실히 보여주고 있다. 표류 중 하산(下山)이라는 섬에서 만난 해적떼가 최부를 거꾸로 매달아놓고 관리임을 증명하는 인수(印綬)와 마패(馬牌)를 빼앗자 그는 "배 안에 있는 물건은 모두 빼앗아가도 좋으나 인수와 마패만은 나라의 신표로서 사사로이 사용할 수 없으니 돌려주시오"라고 관리의 도를 지켜 단호히 말한다. 명나라 황제를 알현하는 자리에서도 위엄을 나타내기 위해 관복으로 갈아입으라고 주변에서 권유하지만 그것은 예가 아니라며 끝끝내 상복을 입고 분상(奔喪) 의 가례를 지켜낸다. 사림의 흐트러짐 없는 꼬장꼬장한 기개다. 이처럼 기행문 전편에는 문사로서, 사림으로서, 그리고 관리로서 최부가 지닌 높은 소양과 깊은 식견이 곳곳에 투영되어 있다.

　최부의 『표해록』이 3대 중국기행문의 하나라면 혜초의 『왕오천축국전』은 4대 세계기행문의 하나로 꼽힌다. 이렇듯 우리는 자랑스러운 세계적 문화유산을 다수 가지고 있으며, 그만큼 세계적 문명교류에도 기여해왔다고 당당히 자부할 수 있다.

● 먼 곳에서 부모가 돌아가신 소식을 듣고 급히 집으로 돌아감.

세계로의 이음길
씰크로드

우리 겨레의 5,000년 문명사를 되돌아보면, 어느 순간도 세계와 동떨어져 살아본 적이 없었음을 알 수 있다. 늘 남들과의 어울림 속에서 무언가를 서로 주고받으면서 살아왔다. 예나 지금이나 그 주고받음은 공간적 매체인 길을 통해서만 가능하다. 문명사에서는 문명을 소통시키는 길을 통틀어 씰크로드(Silk Road)라고 한다. 씰크로드를 제쳐놓고 문명의 교류나 세계성을 논할 수 없다. 요컨대 씰크로드는 문

씰크로드와 그 주변 지역

아 시 아

유 럽

모스끄바

카라꼬룸

리스본
빨로스
당헤르
베르데꾼도

로마
이스탄불
에페소스
티빌리시
타슈켄트
카스
베이징
경주
나라

타브리즈
테헤란
발흐
뚠황

일렉산드리아
바그다드
에스파한
페샤와르
장안(시안)
항져우
꽝져우
취안져우

바스라
카라치
라싸
마닐라
메카
시깃
아덴

코지코드

아 프 리 카

인 도 양

오스트레일리아

희망봉

초원로
오아시스로
해로
5대지선
▲ 주요 유적지
● 주요 도시

그린란드

북아메리카

대서양

아조레스제도

샌프란시스코

서인도제도

꾸바

도미니까

태평양

리마

남아메리카

ⓒ신동처

명의 유대이고 세계로의 이음길이다. 그런데 이 본연의 유대와 이음
길이 무시당해왔으니 실로 개탄스러운 일이 아닐 수 없다.

지금까지의 통설로는 씰크로드를 유럽으로부터 중국까지의 길로
한정시켜왔다. 즉 씰크로드의 3대 간선인 초원로와 오아시스 육로 및
해로는 각기 유럽에서 시작해 중국의 화뻬이(華北, 초원로)와 장안(長
安, 현 시안, 육로), 동남해안(해로)에서 멎었다는 것이다. 이 서구문명
중심주의적 발상대로라면 우리는 씰크로드와 무관하며, 따라서 문명
교류에서 '버림받은' 꼴이 되고 만다. 한때나마 우리가 '주변문명'의
찬밥신세를 강요당하던 울분이 치밀어 오르는 대목이다. 그 울분을
삭이는 길은 진작 한반도까지 뻗은 씰크로드를 원상 그대로 복원하
는 것이다.

문제의 요체는 중국까지 이르렀다고 하는 씰크로드의 3대 간선이
원래부터 한반도까지 이어졌다는 사실을 밝힘으로써 자고로 한반도
가 씰크로드의 동쪽 끝이라는 위상을 확인하는 일이다. 그러자면 우
선 오아시스 육로의 한반도 연장을 고증해야 한다. 여기서 우선 중요
한 것은 한반도와 중국 간의 육로 연결이다. 원래 오아시스로는 중국
과 서역 간의 상호진출과 교류를 위해 개척되고 이용된 육상통로였
다. 그리하여 사적은 물론, 연구자들도 이 길의 동단(東端)은 장안까
지이고, 서단(西端)은 로마라고 인식해왔다. 그러나 이러한 주관적인
목적이나 인식과는 달리 실제로는 이 길이 중국 경내를 벗어나 한반
도까지 뻗었던 것이다. 알다시피 서역문물이 삼국시대에 벌써 한반
도에 유입되었으며, 중국을 사이에 두고 한반도와 서역 간에는 교역
과 내왕이 끊이질 않았다. 이러한 관계는 초기의 초원로나 후기의
해양로를 통해 진행되기도 했지만, 많은 경우 이 오아시스 육로를 따

라 이루어졌던 것이다. 따라서 오아시스로의 동쪽 끝을 동쪽으로 더 옮겨 한반도까지 연장시키는 것은 결코 무리가 아닐 뿐만 아니라, 사실(史實)에 대한 응분의 복원이다. 문제의 요체는 중국 장안까지 한정시킨 노정을 어떻게 한반도와 연결시키는 것인가 하는 것이다. 바꾸어 말하면, 장안부터 한반도 경내까지 이어지는 육로를 밝히는 문제다.

고조선시대 한·중 간의 육로교통에 관해선 남아 있는 문헌기록이 거의 없어서 출토유물의 분포대를 잇는 방법으로 당시의 육로를 추정해볼 수밖에 없다. 그 대표적인 유물이 바로 중국 전국시대의 연(燕)나라 화폐인 명도전(明刀錢)이다. 그간 명도전은 연나라 소재지이던 중국 허뻬이성(河北省) 일대는 물론, 고조선 영역이던 랴오닝성(遼寧省)과 한반도의 북부지대에서 다량으로 발굴되었다. 화폐로서의 명도전은 틀림없이 교역수단으로 사용되었을 것이며, 그 출토지는 교역장소였을 것이다. 아울러 이러한 교역장소들은 교통로에 의해 서로 연결되었을 것이다. 명도전의 출토지들을 연결해보면, 연나라의 도읍 계(薊, 뻬이징 서남쪽 따싱현大興縣)―승덕(承德, 허뻬이성 청떠)―랴오뚱반도 연안―통구(通溝, 압록강 중류 퉁꺼우)―동황성(東黃城, 북한 강계江界)―영변(寧邊, 청천강 상류)―영원(寧遠, 대동강 상류)―평양으로 이어지는 길로서, 일단 '명도전로(明刀錢路)'로 불러본다.

고조선시대를 이어 삼국시대에는 한반도 북반부와 중국 동북의 태반을 영유하고 있던 고구려가 중국과의 육로를 독점했다. 『삼국사기』 「고구려본기」는 고구려와 연나라의 새 수도 용성(龍城), 즉 영주(營

고대 한·중 육로를 실증해주는
연나라 화폐 명도전

州, 현 쟈오양朝陽) 사이에 전개되었던 남북 전쟁로 두 길을 전하고 있다. 이 두 길은 중국 남북조와 수·당시대에 이르기까지 줄곧 이용되어왔다. 이 두 길의 노정을 종합해보면, 북로는 평양—동황성—통구—심주(瀋州, 현 선양瀋陽)—통정진(通定鎭, 현 신민현新民縣)—화이위안진(懷遠鎭)—여주(閭州, 현 뻬이진北鎭)—연주(燕州, 현 이센義縣)—영주로 이어지는 길이고, 남로는 평양—동황성—통구—요동(遼東, 현 랴오양遼陽)—광주(廣州, 현 랴오중遼中)—량위우(梁魚務)—여주—연주—영주까지 통하는 길이다. 이 남로는 영주까지는 대체로 앞에 언급한 고조선시대의 명도전로와 노정이 일치한다. 다 같이 평양에서 시발해 동황성에서 압록강을 건너 통구로부터 서남행으로 랴오뚱반도를 지나 남로는 영주에, 명도전로는 영주 이서에 있는 승덕

고대 한·중 육로

― 교역로
○ 당시 주요 교역도시

영주, 승덕, 유주, 광주, 동황성, 평양, 한주, 금성, 위주, 낙양, 장안

동 해
서 해

ⓒ신동천

(청떠)에 이른다. 이 남·북로 중에서 역대로 남로가 주로이며, 그 길이(평양―영주)는 약 1,700리로 추산된다. 통일신라시대에 이르러서는 육로가 수도 금성(金城, 현 경주)에서 출발해 한주(漢州, 현 서울)를 거쳐 평양에서 앞의 두 길과 연결된다.

한반도를 동단으로 하는 씰크로드 오아시스 육로는 영주에서 서남 방향으로 유주(幽州, 현 뻬이징)를 거쳐 서도·중도·동도의 세 갈래 길로 남행해 낙양(뤄양 洛陽)에 이른 다음 장안으로 서행한다. 여기로부터 다시 서행하면 멀리 로마까지 이른다. 이 오아시스 육로의 구간별 거리를 계산하면, 금성에서 유주까지 약 4,310리이고, 유주에서 장안까지 약 2,530리이며, 장안에서 다시 로마까지는 약 3만 리(12,000km, 직선거리 9,000km)로 추산되므로 동쪽 끝 금성에서 그 서쪽 끝 로마까지의 총 거리는 약 36,840리(약 14,750km)라는 계산이 나온다. 하루에 100리를 걷는다면,

오아시스 육로로 들어온 사산 조 페르시아계 대칭무늬의 쌍 조문원와당 ● 8세기 / 안압지 출토.

꼭 1년이 걸려야 이 긴 여정을 주파할 수가 있다.

씰크로드의 한반도 연장에서 다음으로 제기되는 것은 중국 동남해안과의 해로 이음이다. 지금까지 학계에서는 당·송대에 이르기까지 해로의 동단을 중국의 동남해안 항구(당대는 양주, 송대는 항주, 명주, 천주)로 보는 것이 통설이었다. 그러나 중국 동쪽지역, 즉 한국이나 일본에까지 서역문물이 전파되고 서역선박의 내항이 있었음을 감안할 때, 해로는 분명히 중국 동남해안에서 항로를 멈추지 않고 더 동진해서 한국이나 일본까지 연장되었다고 추정할 수 있다. 한국의 경우 일찍부터 중국과의 해상교통이 발달해 이 통로를 통한 중국과의 교류는 물론, 멀리 동남아시아나 서역과의 교류도 직·간접적으로 진행해왔음은 여러 사실이 입증하고 있다. 따라서 중국과의 항로를 통해 씰크로드 해로와의 연계가 이루어졌을 것이다. 고대 한·중 해로는 조선술과 항해술의 발달, 그리고 양국의 변화무쌍한 정세와 상호관계의 변화에 따라 물길과 기능을 달리하면서 씰크로드 해로의 동단 역할을 톡톡히 수행해왔다. 자고로 두 나라의 해안을 이어주는 해로는 크게 연해로(沿海路, 우회로)와 횡단로(橫斷路, 직항로)의 두 갈래가 있었다. 연해로에는 한반도 서남해 연안에서 출항해 중국 랴오뚱반도(遼東半島) 남안을 따라 서진하다가 라오톄산(老鐵山)에서 발해만을 지나 샨뚱반도에 이르는 북방연해로와, 거기서 계속 남하해 양쯔강 하구를 중심으로 한 중국 동남해안으로 이어지는 남방연해로가 있었다. 일찍이 중국의 은나라 때부터 이 연해로를 이용한 흔적이 나타나고 있으며, 제(齊)나라의 공자는 뗏목을 타고 바다를 건너 현자들이 사는 동이(東夷, 고조선)에 가서 살고 싶어 했다고 전한다. 진 시황 때 불로초를 구하러 떠난 방사 서복(徐福)의 선단도 이 연해로를

고대 한 · 중 해로
— 연해로
--- 직항로
○ 당시 주요 교역도시

오목도
도리진
장구진
득물도
등주 내주
당은포
서 해
금성
동 해
양 쯔 강
항주
명주
태 평 양
광주
ⓒ신동헌

따라 제주도까지 왔으며, 한 무제(武帝)는 7,000명의 수군을 이 해로
에 투입시켜 고조선의 수도 왕검성을 공격한 바 있다. 수·당대에 있
었던 몇 차례의 고구려정벌에 참여한 수군의 도항로도 바로 이 연해
로였다.

삼국시대 말엽에 이르러 풍랑과 장기항해를 감당할 수 있을 정도로
조선술과 항해술이 발달함에 따라 한반도 서해안과 중국 동남해안을
직접 연결하는 횡단로가 개척되었다. 이 뱃길도 두 갈래인데, 하나는
경기도 득물도(得物島, 현 덕적도德積島)를 비롯한 한반도 서해안에서
샨뚱반도 해안으로 직항하는 북방횡단로다. 이 길은 북방으로 통하

는 연해로가 고구려에 의해 막혀버리자 백제가 북위를 비롯한 중국 북방국가들과 통교하기 위해 처음으로 개척했으며, 뒤를 이어 신라도 이 길을 이용했다. 그러나 고구려의 방해로 인해 이용이 여의치는 않았다.

횡단로의 다른 한 갈래는 북방해역보다 더 넓고 풍랑도 더 사나운 남방해역을 넘나드는 남방횡단로다. 이 뱃길은 뒤늦게 트여 통일신라시대 이후에야 본격적으로 사용되었다. 그러나 모험을 동반한 시험항행은 일찍부터 있어왔다. 372년 백제 근초고왕(近肖古王)은 이 남방횡단로로 사신을 동진(東晋)에 파견했으며, 100여 년 후에는 가락국 겸지왕(鉗知王)도 이 길로 사신을 남제(南齊)에 보냈다. 사서에 보면, 당시 백제나 일본에서 출발한 배들이 이 험난한 바닷길에 들어섰다가 그만 조난당해 실종되거나 제주도 등지에 표착한 기사들이 여러 건 눈에 띈다. 그러다가 당나라 중기 이후에야 비교적 안전하게 이 뱃길을 이용하게 된다. 항해자들은 주로 이른바 항신풍(恒信風, 계절풍)을 이용했는데, 당에서는 6~7월에 서풍을, 일본에서는 8~9월에 동북풍을 타고 출항한다. 대부분의 신라승들이 당에 갔다가 돌아오는 시기가 7월이었다는 사실은 그들이 탄 배가 바로 이 항신풍을 이용했기 때문인 것으로 풀이된다. 한반도의 남해안에 위치한 무주나 나주, 전주, 강주, 그리고 중국 동남해안에 자리한 밍져우(明州, 현닝뽀寧波)나 항져우, 취안져우는 이 남방횡단로의 쌍방 종착항들이었다. 고려 초(1123) 송나라 사신을 수행한 서긍(徐兢)이 남긴 견문록 『선화봉사고려도경(宣化奉使高麗圖經)』에 의하면, 밍져우에서 예성강까지 항해하는 데는 26일이 소요되었으며, 그중 띵하이(定海)에서 흑산도까지의 직항에는 9일이 걸렸다고 한다.

한·중 간에 개척된 연해로와 횡단로를 따라 두 나라 간에 사신과 승려들이 오가고, 물품이 교역되었으며, 문화가 교류되었다. 뿐만 아니라 서역과 남방의 문물이 이 두 바닷길을 통해 한반도에 유입되었으며, 이웃인 일본은 이 길을 거쳐서야 중국과 통교할 수가 있었다. 이러한 제반 사실은 이 바닷길이야말로 한·중 두 나라 간의 교류통로였을 뿐만 아니라, 더 나아가 명실상부한 씰크로드 해로 동단으로서의 기능과 역할도 수행했음을 실증해준다.

이제 세계로의 이음길을 밝히는 데서 남은 과제는 북방의 초원로를 원래대로 한반도에 이어주는 일이다. 스키타이와 흉노를 비롯한 북방 유목기마민족문화의 영향이 역력하며, 초원지대로의 사신파견 등

내왕도 있었다는 사실로 미루어 한반도가 일찍부터 그들과 교류했음은 의문의 여지가 없다. 그 교류의 통로가 바로 초원로다. 그러나 관련 기록이나 유물이 별로 없는 데다가 연구마저 일천해 우리는 아직 이 길을 제대로 밝혀내지 못하고 있다. 이런 상황에서 가까스로 중국측 사서에서 그 해결의 단서를 찾아보게 된다.

고구려와 그 뒤를 이은 발해의 서변 출구인 영주(營州)는 서역행 육로의 요지일 뿐만 아니라, 여기로부터 화뻬이와 몽골로 이어지는 초원로가 시작되는 기점이기도 하다. 이 점에 유의하면서 관련기록을 참조하면, 초원로는 다음과 같은 두 갈래 길로 한반도와 연결되고 있었다. 그 한 길은 영주-평성로다. 『위서(魏書)』에는 북위의 도무제(道武帝)로부터 태(太)무제에 이르는 45년간 수도 평성(平城, 현 산시성 따뚱大同)에서 화룡(和龍, 즉 영주)까지 7차례에 걸친 왕의 순유나 동정(東征)에 관한 기록과 더불어 그 노정이 제시되어 있다. 그 길이 바로 북방 초원로의 한반도 연장로일 것이다.

이 길의 노정은 평성(平城)-(동행)-대녕(大寧, 현 장쟈커우張家口)과 유원(濡源, 현 롼허灤河)의 어이진(禦夷鎭)-(동남행)-서밀운술(西密雲戌, 현 따꺼전진大閣鎭)-(동행)-안주(安州, 현 룽화隆化)-삼장구(三藏口, 현 청떠 북부)-(동북행)-백랑성(白狼城, 현 링위안淩源 남변)-(동행)-허룽(和龍)으로 이어지는 초원로다. 이 길은 평성에서 유주와 몽골의 오르혼강을 남북으로 잇는 씰크로드 5대 지선의 하나인 마역로(馬易路)와 합쳐 북방 몽골초원을 관통하는 초원로로 이어진다. 다른 한 길은 영주-실위로다. 『구당서』에 의하면, 이 길의 노정은 영주-(서북행)-송경령(松徑嶺, 현 따칭산大靑山)-(서북행)-토로진수(吐護眞水, 현 라오하허老哈河)-(서북행)-황수석교(潢水石橋, 현 빠린챠오巴

林橋)—실위국(室韋國)의 구륜박(俱輪泊, 현 후룬츠呼淪池)에 이르는 길이다. 이 길은 몽골의 동부 초원로에 연결된다. 이렇게 영주로부터 이어져간 이 두 초원로는 씰크로드 초원로의 동쪽 끝으로서, 고대 한반도와 북방 유목기마민족 간의 교류통로였다.

이렇게 세계로의 이음길이자 문명교류의 통로인 씰크로드 3대 간선의 한반도 연장 모습을 재현하는 것은 단순히 묻혀버렸던 옛길을 파헤치는 작업이 아니라, '한국 속의 세계'란 겨레의 위상을 되찾는 일대 역사다. 우리 스스로가 이 역사를 감당해낼 때, 한반도는 씰크로드 전도의 동쪽 끝에 당당히 자리매김될 것이다.

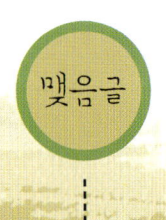
한국 속의 세계

이제까지 우리는 우리 겨레의 기나긴 문명교류 여정을 되돌아봤다.
그 여정은 우리의 역사와 문화를 세계와 고립시켜 통시적(通時的)으
로만 보아오던 구폐(舊弊)를 벗어나 세계와 상관시켜 공시적(共時的)
으로 눈높이를 맞추어보는 현장이었다. 그것은 세계 속에서의 한국의
위상과 더불어 우리 속에 들어와 있는 세계를 확인하는 과정이었다.
그 확인된 세계가 바로 한국의 세계성을 대변해주고 있다. 이러한 세

248

계성은 교류를 통해 세계와 보편적 가치를 공유함으로써 비로소 실현 가능했다는 것을 우리의 '문명교류기행'은 여실히 보여주고 있다.

우리의 역사와 문화의 세계성을 담보한 보편적 가치의 공유, 즉 보편성은 일찍부터 우리가 세계와 한 문명 유대로 묶여 살아왔다는 데서 나타난다. 일찍이 우리 빗살무늬토기는 북방 유라시아 초원지대를 동서로 관통한 빗살무늬토기문화대의 동단을 장식했다. 또 세계 55,000기 거석유물 가운데서 무려 40,000기의 고인돌 유물을 보유하고 있어 동아시아 고인돌문화권의 핵심은 물론, 인간으로 하여금 긴 시간여행을 떠나게 하는 세계 거석문화대의 중추로 자리매김되었다. 기원후 6세기경까지 알타이지방을 중심으로 약 1,000년 동안 전개된 황금문화권에서 우리나라는 황금문화의 꽃이라고 하는 '금관의 나라'로서 단연 그 전성을 구가했다. 4세기에 불교가 공전(公傳)된 이래 복합문화로서의 불교문화는 장기간 한국 전통문화의 주류를 이루어왔으며, 남들은 시류에 영합해 일탈을 일삼아왔지만 한국은 오늘날까지도 그 문화의 맥을 면면히 이어가고 있다. 수천 년간의 유대를 지켜온 벼문화 역시 우리에겐 각별한 의미가 있다. 지금까지 발견된 볍씨 중에서 가장 오래된 13,000여 년 전의 볍씨('소로리카')가 충북 소로리에서 발견됨으로써 세계 5대주 110여 개 나라를 망라한 벼문화권에서 한반도가 그 원조일 개연성을 짙게 시사하고 있다. 그리고 문명교류의 통로이며 세계로의 이음길인 씰크로드 3대 간선도 한반도로 뻗음으로써 이 모든 문명적 유대는 끈끈히 이어져올 수 있었다.

우리 역사와 문화의 보편성은 이러한 문명유대와 더불어 타 문명을 적극 수용함으로써 보편적 가치를 공유한 데서도 나타나고 있다. 옛부터 우리 겨레는 선진문명에 대한 수용성이 남달리 강했다. 신라는 전통문화의 바탕 위에서 북방문화와 남방문화, 그리고 멀리 서역을 비롯한 로마문화까지도 적극 받아들여 역사상 보기 드문 다원적 복합문화를 훌륭히 일궈냈다. 신라를 일컬어 '로마문화의 왕국'이니, 동아시아의 '유리보고'니 하는 찬탄 어린 지칭은 신라문화 특유의 수용성에서 비롯된 것이다. 고구려를 계승한 발해는 고유의 온돌문화에 당과 말갈의 무덤양식을 받아들였는가 하면 삼존불 협시보살의 목에 십자가를 걸어놓는 식의 독특한 복합문화를 창출했다. 고려인들은 이웃나라들에서 나온 대장경들을 죄다 가져다가 꼼꼼히 검토하고 보완하여 결국 20여 종의 대장경 가운데서 가장 방대하고 완벽한 『팔만대장경』 5,200만

자를 완성해 불교경전을 집대성함으로써 불교연구의 새 지평을 열어놓았다. 세계종교사상 서양종교를 타율적 선교에 의해서가 아니라 자율적으로 수용한 나라는 오로지 조선뿐이란 사실은 조선인들의 문화수용 자세를 말해준다.

　우리 역사와 문화가 세계적 보편성을 띨 수 있었던 것은 비단 유대에 의한 결속이나 타 문명에 대한 수용성에서만 기인된 것이 아니라, 우리의 세계사적 기여에도 그 몫이 있다. 우리역사에는 세계에 대한 앎을 추구하고 세계와 삶을 함께하는 세계정신을 지니고 그것을 실천해온 발군(拔群)의 세계인들이 적지 않다. 신라고승 혜초는 한국의 첫 세계인으로서 인도를 비롯한 서역 일원을 역방하고 불후의 『왕오

천축국전』을 남겨놓아 동서문명교류의 선구적 역할을 수행했다. 그 무렵 고구려 유민인 고선지는 세계 전사에 유례없는 서정(西征)을 단행해 중세 국제관계사에 한 획을 그어놓았을 뿐만 아니라, 제지술을 서쪽으로 전함으로써 유럽 근대문명에 기폭제를 제공한 위인이었다. 해상왕 장보고의 무역활동은 동북아 3국의 국제관계를 일변시켰으며, 해상강국 고려의 건국기틀을 마련했다. 이들에 의해 기염을 토하기 시작한 세계정신은 조선시대에 이르러 이수광과 최한기, 유길준 등의 참신한 우주관과 세계관으로 이어졌다. 부민(富民)교류의 큰 별 문익점의 목화씨 전래는 면화의 세계 전파에 크게 기여한 것으로 역사는 기억한다. 유네스코에 세계 문화유산이나 기록유산 및 무형유산으로 등록된 14건의 유물·유적은 인류의 보편주의적 가치가 공인된 귀중한 문화재들이다. 우리는 핵무기보다도 '훨씬 위대하고 강한' 무가지보(無價之寶)의 벽화를 보유하고 있는, 세상에서 몇 안 되는 민족이다.

한 나라의 세계성은 비단 보편적 가치의 공유, 즉 보편성에서만 찾아지는 것이 아니라, 독창적인 가치의 창출, 즉 개별성에 의해서도 보장된다. 사실 모든 보편성은 교류를 통한 개별성의 승화다. 개별성을 떠난 보편성이란 있을 수 없

다. 그래서 가장 민족적인 것이 가장 세계적이라고 한다. 이것은 공
허한 사변이 아니라 역사적 경험의 응축이다. 이 점에서 우리는 우리
문화의 창의성을 당당히 자랑할 수 있다. 우선, 우리에게는 우리만의
고유한 문화가 있다. 전통문화의 뿌리라고 할 수 있는 신화에서부터
그 고유성이 감지된다. 예컨대 고구려건국신화와 로마건국신화를 비
교해보면, 우리네 고구려건국신화의 이념적 지향점은 조화와 상생,
합일에 맞춰지고 있으나, 로마의 신화는 마냥 갈등과 상극, 분열에만

초점을 두고 있으며, 신화소(神話素)나 그 짜임새에서도 확연한 차이를 보이고 있다. 세계 도자사를 빛낸 고려의 청자나 조선의 분청사기와 백자는 그 누구도 흉내 낼 수 없는 독창성을 지니고 있다. 고려청자는 형언할 수 없는 영롱한 빛깔에다가 누구도 엄두 내지 못한 상감기법을 도입해 특유의 상감청자를 만들어냈다. 조선의 분청사기는 그 다양성과 질박함으로 말미암아 현대도예로 나아갈 길을 밝혔다는 평가를 받았으며, 조선백자는 색조나 모양새, 크기에서 타의 추종을 불허한다. 고고한 학문세계에서도 조선시대 성리학자인 최한기는 자신이 개창한 기철학에 바탕해 독창적인 '조선식 우주론'을 제시했으며, 그 이론으로 뉴턴의 만유인력법칙을 새로이 해석하고 아리스토텔레스의 '4원소설'을 비판했다.

이러한 고유문화의 창출과 함께 외국문명을 수용하는 데서 발휘한 선조들의 창의성은 더더욱 돋보인다. 이질적인 외래문명을 통째로 삼키는 것이 아니라, 실정에 맞게 접변(接變)을 주어 받아들이는 슬기가 곳곳에서 발견된다. 불교에서 석굴은 기원전 2세기경부터 근 1,000년 동안 동서의 넓은 지역에 펼쳐진 보편적 문화현상으로서 모두가 자연석굴 형식을 취했다. 그러나 경주 석굴암은 유일하게 인공석굴로 된 짜임식 건축물이다. 그 구조에서도 신라인들의 천원지방(天圓地方)사상을 반영해 지상세계인 전실은 네모꼴로, 하늘세계인 주실은 둥근 모양의 돔 천장으로 꾸미는 독창성을 보였다. 서학(西學)에 대한 조선인들의 대응자세도 남들과는 사뭇 다르다. 전면수용과 부분수용 및 전면거부 등의 다양한 논의를 거쳐, 전통 제도와 사상은 지키면서 서구의 근대과학기술은 받아들이는 이른바 '동도서기(東道西器)' 책을 강구한다. 그 속에서 당초 금기시되던 서방종교도

차츰 발붙일 여지를 얻게 된다. 신라 때 처용은 외모와 의상이 괴이한 이방인이었지만 신라인들은 그를 배척하지 않고 받아들여 설화의 주인공으로 윤색·승화시켰으며, 고려시대에는 '오는 자는 막지 않는다〔來者不拒〕'는 포용적인 수용정책을 펴 많은 외래인들을 귀화시키고 고려문화의 용광로 속에 말끔히 녹여서 문화적인 단일민족국가의 구성원으로 만든 것은 역사에서 보기 드문 지혜의 소산이다. 어디서 오는 것이 문제가 아니라 어떻게 수용하는가가 중요하다는 문명교류

수용과 융합으로 빛난 우리 역사 ● 홀로 독특한 문화란 없다. 우리 선조들은 다양한 문화를 받아들여 우리 것에 맞게 바꿈으로써 고유한 문화를 창조해 왔다. 독창성은 오로지 내 것만을 내세우는 데 있는 게 아니라, 잘 받아들여 내 것으로 만드는 데 있다. 손님을 맞아들이는 주인(왼쪽)과, 함께 어울려 춤추는 모습(오른쪽)의 고구려벽화.

의 한 원리를 구현한 범례다.

　우리 속에 들어와 있는 세계와 그 세계성을 살펴보는 이러한 과정은 곧 교류사적 이해의 과정이다. 교류사적 이해를 떠난 위상 정립이나 세계성 재량이란 절대 있을 수 없다. 세계와의 공시적인 관계 속에서 우리는 비로소 가졌던 것과 못 가졌던 것, 잘한 일과 모자랐던 일들을 더욱 또렷이 가려낼 수가 있다. 특히 세계사적 지평에서 못 가졌던 것과 모자랐던 일들을 추려낸다는 것은 일종의 역사적 성찰로서 그 의미가 자못 크다. '일통삼한(一統三韓)'의 내재적 한계로 인해 발해사가 민족사의 주류에서 밀려나 오늘날까지도 수난을 면치 못하고 있다. 이른바 '쇄국'과 '당쟁'이란 자학적 식민사관의 덫에 걸려 우리 스스로가 조선을 '닫힌' 나라, '처진' 나라로 인지하면서 남이 멋모르고 한 '은자의 나라'란 비하에도 무감각해왔다. 일본사람들이 이른바 '임나일본부'설의 물적 증거로 육차모(여섯 갈래 창)를 '칠지도'(일곱 갈래 칼)로 변조한 무모한 논쟁에 한 세기가 넘게 휘말려들기도 했다.

조선조는 중상주의로 강성했던 고려조를 계승해 남들 못지않게 활발한 대외교류를 펴고 서학도 받아들인다. 그러나 후기에 와서 보수적인 유교사상에 물든 봉건지배층이 기술을 잡기로, 통상을 모리 행위로 경시하면서 다름(변혁)을 기피하는 벽이증(闢異症)에 걸리다보니 결국 근대화의 문턱에서 주저앉고 말았다. 같은 맥락에서 17세기까지만 해도 중국과 함께 세계 도자문화를 주도해오던 조선이 도자기에 한해선 문하생에 불과했던 후발 일본에 자리를 내주고 세계 도자사에서 감감히 사라진 후 아직도 그 영광을 되찾지 못하고 있다. 우리는 세계에서 가장 먼저(1377) 금속활자를 만들어냈지만, 우리보다 70여 년 후에 나온 구텐베르크 금속활자의 그늘에 가려 아직 제빛을 발하지 못하고 있다. 모두가 통절한 역사의 교훈이다.

'문명교류기행'은 우리 역사와 문화에 대한 교류사적 이해에서 시동을 건 긴 여정으로서, 그 지향점은 '한국 속의 세계'와 그 세계성을 가늠하는 데 있다. 비록 영욕이 엇갈린 역사지만 그것이 우리와 운명을 같이해온 역사이고, 또 그 연장선상에서 영원히 살아가야 하기에, 우리는 더 냉철하게 어제를 성찰하고 오늘을 점검하며 내일을 설계해야 할 것이다.

한국 속의 세계 (하)
우리는 어떻게 세계와 소통해왔는가

초판 1쇄 발행/2005년 10월 25일
초판 9쇄 발행/2021년 3월 9일

지은이/정수일
펴낸이/강일우
편집/유용민 김종곤 신동해 이지영
미술·조판/정효진 신혜원
펴낸곳/(주)창비
등록/1986년 8월 5일 제85호
주소/10881 경기도 파주시 회동길 184
전화/031-955-3333
팩시밀리/영업 031-955-3399 · 편집 031-955-3400
홈페이지/www.changbi.com
전자우편/human@changbi.com

ⓒ 정수일 2005
ISBN 978-89-364-7107-1 03900
ISBN 978-89-364-7988-6 (전2권)

* 이 책 내용의 전부 또는 일부를 재사용하려면
  반드시 저작권자와 창비 양측의 동의를 받아야 합니다.
* 책값은 뒤표지에 표시되어 있습니다.